U0463787

大道无形

段永平

的 49 个投资金句

刘若愚○著

团结出版社

图书在版编目（CIP）数据

大道无形 / 刘若愚著 . -- 北京：团结出版社 ,2024.3

ISBN 978-7-5234-0542-0

Ⅰ . ①大… Ⅱ . ①刘… Ⅲ . ①段永平—投资—经验

Ⅳ . ① F832.48

中国国家版本馆 CIP 数据核字 (2024) 第 207651 号

出　　版：团结出版社

　　　　　（北京市东城区东皇城根南街84号　邮编：100006）

电　　话：（010）65228880 65244790

网　　址：http://www.tjpress.com

E-mail：zb65244790@vip.163.com

经　　销：全国新华书店

印　　装：三河市华东印刷有限公司

开　　本：145mm×210mm　　32开

印　　张：8

字　　数：240千字

版　　次：2024年3月第1版

印　　次：2024年3月第1次印刷

书　　号：978-7-5234-0542-0

定　　价：59.00元

丛 书 序

为标杆企业立传塑魂

在我们一生中，总会遇到那么一个人，用自己的智慧之光、精神之光，点亮我们的人生之路。

我从事企业传记写作、出版15年，采访过几百位企业家，每次访谈我通常会问两个问题："你受谁的影响最大？哪本书令你受益匪浅？"

绝大多数企业家给出的答案，都是某个著名企业家或企业传记作品令他终身受益，改变命运。

商业改变世界，传记启迪人生。可以说，企业家都深受前辈企业家传记的影响，他们以偶像为标杆，完成自我认知、自我突破、自我进化，在对标中寻找坐标，在蜕变中加速成长。

人们常说，选择比努力更重要，而选择正确与否取决于认知。决定人生命运的关键选择就那么几次，大多数人不具备做出关键抉择的正确认知，然后要花很多年为当初的错误决定买单。对于创业者、管理者来说，阅读成功企业家传记是形成方法论、构建学习力、完成认知跃迁的最佳捷径，越早越好。

无论个人还是企业，不同的个体、组织有不同的基因和命运。对于个人来说，要有思想、灵魂，才能活得明白，获得成功。对于企业而言，要有愿景、使命、价值观，才能做大做强，基业长青。

世间万物，皆有"灵魂"。每个企业诞生时都有初心和梦想，但发展壮大以后就容易被忽视。

企业的灵魂人物是创始人，他给企业创造的最大财富是企业家精神。

管理的核心是管理愿景、使命、价值观，我们通常概括为企业文化。

有远见的企业家重视"灵魂"，其中效率最高、成本最低的方式是写作企业家传记和企业史。企业家传记可以重塑企业家精神，企业史可以提炼企业文化。以史为鉴，回顾和总结历史，是为了创造新的历史。

"立德、立功、立言"，这是儒家追求，也是人生大道。

在过去 10 余年间，我所创办的润商文化秉承"以史明道，以道润商"的使命，汇聚一大批专家学者、财经作家、媒体精英，专注于企业传记定制出版和传播服务，为标杆企业立传塑魂。我们为华润、招商局、通用技术、美的、阿里巴巴、用友、卓尔、光威等数十家著名企业提供企业史、企业家传记的创作与出版定制服务。我们还策划出版了全球商业史系列、世界财富家族系列、中国著名企业家传记系列等 100 多部具有影响力的图书作品，畅销中国（含港澳台地区）及日本、韩国等海外市场，堪称最了解中国本土企业实践和理论体系、精神文化的知识服务机构之一。

出于重塑企业家精神、构建商业文明的专业精神和时代使命，2019 年初，润商文化与团结出版社、曙光书阁强强联手，共同启动中国标杆企业和优秀企业家的学术研究和出版工程。三年来，为了持续打造高标准、高品质的精品图书，我们邀请业内知名财经作家组建创作团队，进行专题研究和写作，陆续出版了任正非、段永平、马云、雷军、董明珠、王兴、王卫、杜国楹等著名企业家的 20 多部传记、经管类图书，面世以后深受读者欢迎，一版再版。

今后，我们将继续推出一大批代表新技术、新产业、新业态和新模式的标杆企业的传记作品，通过对创业、发展与转型路径的叙述、梳理与总结，为读者拆解企业家的成事密码，提供精神养分与奋斗能量。当然，我们还会聚焦更多优秀企业家，为企业家立言，为企业立命，为中国商业立标杆。

一直以来，我们致力于为有思想的企业提升价值，为有价值的企业传播思想。作为中国商业观察者、记录者、传播者，我们将聚焦于更多标杆企业、行业龙头、区域领导品牌、高成长型创新公司等有价值的企业，重塑企业家精神，传播企业品牌价值，推动中国商业进步。

通过对标杆企业和优秀企业家的研究创作和出版工程，我们意在为更多企业家、创业者、管理者提供前行的智慧和力量，为读者在喧嚣浮华的时代打开一扇希望之窗：

在这个美好时代，每个人都可以通过奋斗和努力，成为想成为的那个自己。

企业史作家、企业家传记策划人、主编

陈润

推荐序

把成功与失败进行淋漓尽致的总结

在总结任正非成功经验的时候，人们发现了这四句话：行万里路，读万卷书，与万人谈，做一件事。所谓的"与万人谈"，就是任正非阅读大量世界上成功企业的发展历史的书籍。他一有机会就与这些公司的董事长、总经理当面进行交流请教，并把这些成功的经验用于华为的运营，这就使得华为也成为一个成功的企业。

在过去的十余年间，润商文化长期致力于系统研究中外成功的企业家，汇集了一大批专业人士创作关于成功企业家的传记——著名企业家传记丛书。这是一件非常有意义的事情，这让"与万人谈"成为一件很容易的事。同时，这使得大家都能够从中了解到——这些企业家为什么成功？自己能从中学到什么？

因此，我觉得润商文化的这项工作是功德无量的。这些成功的企业家，就是中国经济史上一个个值得称颂的榜样。

湖北省统计局原副局长

民进中央特约研究员

叶青

段永平投资"大道"的有形与无形

　　自段永平离开商界，定居美国，不知不觉间已过去二十余载。网络上关于段永平的有声资料，仍停留在十多年前为数不多的几段访谈上。近几年，这些音视频的画质、音质早已落后，但却有人把它们重新找出来"反刍回味"。

　　"未见其人，见字如面。"2011年，段永平开通了自己在雪球社区的账号"大道无形我有型"，并且毫无保留地分享自己的公开持仓和投资感悟。粉丝还亲切地称呼他为"方丈"，因为他以公益捐助为目的，"有偿"回答社区粉丝的投资问题。据统计，段永平在雪球投资社区的账号"大道无形我有型"，2022年粉丝数量增长了近20万，社区影响力位列第2名。

　　其实，段永平是个从不缺少标签和话题的"隐退大佬"。

　　在中国互联网大幕开启的前夜，他已是家喻户晓的商界风云人物。他曾是多个现象级国民"爆款"产品的操盘手，不到十年时间里，接连打造了"小霸王"学习机、步步高学生电脑、步步高VCD、无绳电话等十余个数码电子产品；他被冠以"营销教父"的称号，"望子成龙'小霸王'""步步高，真功夫"等广告语，深深植入80后、90

后一代消费者的心里。此外，他还是"新商道之父"，他所提出的"敢为天下后""本分""平常心""欲速则不达"等价值观，在浮躁的经商年代成为中国商界的一剂良药，也让他成为中国企业文化领域的领军人物。

见证过步步高的辉煌，谁也不会料到，"英雄未曾迟暮"。于大洋彼岸，段永平成为华人圈中，做价值投资大有建树的投资人。现如今，他在媒体上被"旧事重提"，他对企业、人生、商业、投资的点滴思考被投资新人反刍回味。

这离不开他另一个含金量更高的标签——"中国巴菲特"。

从巴菲特的文字中，他找到了指引自己投资方向的指北针。为了"朝圣"和"感恩"，2006 年，他成功拍下巴菲特慈善午宴，成为史上第一位与巴菲特共进慈善午餐的华人。自此，提起段永平，人们总会"条件反射"地把他同巴菲特联系起来。他们之间，既是前辈与后辈，更是师徒与良友。

不过在我看来，"中国巴菲特"的称号代表两层含义：首先，在中国的价值投资者中，段永平当之无愧，是中国继承巴菲特投资理念最彻底的投资人，他用十年时间，完成了对巴菲特理念的"六经注我"；其次，段永平在巴菲特学说之上继续"开枝散叶"，在西方价值投资话语体系的基础上，融入了"中国式"的辩证逻辑，真正做到了"我注六经"。具体来看就是：

"六经注我"——有太多号称稳定盈利的投资方法，可谓是"乱花渐欲迷人眼"，为何段永平唯独信奉巴菲特的投资理念？为何从读到巴菲特书籍的第一天起，段永平就再也没有尝试过其他？此中既有两人成事之处的共同基因，也有段永平对巴菲特投资原则的"信解受持"。巴菲特相信"复利"的力量，要"慢慢变富"且"只富一次"；

而段永平做步步高期间，"欲速则不达"就是他的座右铭。

巴菲特的信众多如牛毛，但段永平在投资比赛中打的"每一杆"，无不都在体悟巴菲特投资理念的深邃，"信解受持"，不易初心。

2002 年抄底网易，时隔 8 年后才最终离场，段永平以"干中学"的方式，印证了巴菲特"买股票就是买公司"理念的强大威力；2009 年全球股市惨遭血洗，段永平唯独选了"通用电气"，半年时间斩获上亿回报，他的信心正是源自巴菲特看重的"好商业模式和好企业文化"；2011 年，段永平投资苹果公司，6 年后苹果"如约"突破万亿美元市值，直到今日他仍会逢低加仓。吃到"果"，背后的"因"，正是他对巴菲特"生意模式最重要"的悟道……

"我注六经"——段永平无条件相信巴菲特，不代表他无条件"跟投"巴菲特。他多次指明："我们学习'老巴'，学习的是他的原则。"其中最重要的一条，就是"不投不懂的公司，不盲目扩大自己的能力圈"。段永平看得懂游戏，这才有后来他在网易、腾讯、完美世界、GA 等游戏公司投资时的"杰作"；"退隐江湖"后，他仍在幕后默默长期观察中国互联网的走向，否则就没有阿里巴巴、腾讯、拼多多等企业的"大手笔"。

很多人只看到段永平的频频"妙手"，却没发现他额头上永远带着能力圈的"紧箍咒"。他更不忘提醒众人——"只有自己看得懂的生意，才是好生意"。他甚至相信，如果你发现自己什么也看不懂，就不要投资。其实这也算"价值投资"。

"莫向外求"，正是段永平给投资者最朴素的启发。

投资的主体永远是"我"，投资的结果也是"我"个人认知的投影。在答疑解惑中，段永平始终把"自己"放在第一位："我不看看不懂的公司，也不需要懂我不感兴趣的公司""盯住生意，而不是盯着别人""价值投资是你自己的事情，别人怎么看与你何干？""股市上那些长期亏钱的人，大多属于不知道自己能力圈有多大的人"。

"弱水三千，只取一瓢"，虽言简意赅，但对每个投资者都是考验。段永平不仅做到了，而且还把他的智慧公之于众。

第一，他主张"无为"。投资当中，赚钱永远是第二位，而段永平更注重过程的愉悦和享受，恪守巴菲特"不要亏钱"的忠告。因此，比"买什么赚钱"更重要的，是避开"怎么买会赔钱"。前人的经验告诉他，投机、做空、投资看不懂的企业，是最大的"风险点"，而他投资的第一件事，是给自己开一张"不为清单"。

第二，他崇尚"无招"。段永平投资有三个法宝，分别是："长期主义"，不频繁换股，对真正看好的公司坚持"封仓十年"，长期持股；"集中主义"，决不"广撒网"，"看懂 10 个企业左右，集中投资 3 ~ 5 个，并调整到性价比更高的组合"；"满仓主义"，不做仓位控制，绝不会"价钱高了一点点就卖掉"。看似"无招"，但"做减法"的背后，正是段永平常提及的"焦点法则"——把力气用在决定投资成败的那20% 的事情上。

第三，他洞察"无形"。之所以"封仓十年，敢下重注，不惧满仓"，前提是必须找到好公司。而段永平的"不秘诀"，在于他能洞察决定企业长期命运的"无形推力"，其中既包括商业模式的护城河，还有他在经营步步高阶段，奉若神明的"企业文化"。

"中国巴菲特"的投资之道，大道至简，简于无形。

1996 年 1 月 24 日，一篇名为《证券投资巨擘——华伦·布费》的文章刊登于《上海证券报》，标志着价值投资理论传入中国。这里的"华伦·布费"正是当时沃伦·巴菲特的译名。21 世纪以来，研究巴菲特等价值投资先驱的风潮始终热度不减。与其他传入中国的外国学说一样，价值投资理论传入中国，如要更好地发扬其价值，同样需要经历本土化。而段永平则是"传信使"的最佳人选。

作为中国投资者，如何做好价值投资？段永平曾给过一个"六字真言"：道需悟，术可学。

在他看来，做好价值投资，"术"是"本手"，要学会看生意、会算账、会估值，要能看懂商业模式、护城河，这些必须学会而且每个人都能学会，但是，真正可贵的是领悟价值投资背后的"道"。不管是九十年代段永平分享步步高的"企业文化建设之道"，还是现如今在雪球等平台孜孜不倦分享投资心得，他发现，人们对"术"的热忱，始终高过对"道"的追问；对"有形"招式的痴迷，要远胜对"无形"内功的敬畏。不管经商也好，投资也罢，每个人都有一颗"不平常心"。

段永平承认，自己也是平凡人，也有想要投机的冲动。不过，这也是他的智慧所在，因为看到了自己的"不平常心"，所以他更懂得"要常修'平常心'"。而这正是他跨界投资二十余载背后最大的"不秘诀"。

巴菲特说："我的投资方法并不高深，我所做的一般人也能做到。"段永平同样也说过："普通人坚持做对的事情，结果也可以不普通。"作为普通投资者，千万不要寄希望于从段永平身上学到"快速变富"的投资捷径，而是要以他为榜样，摈弃浮躁的"功利心"，在对"道"的求索中，下好自己的投资"本手"。

段永平本人金句频出，微言大义，故本书以段永平在网易博客和雪球社区的妙语为纲目，分别从段永平的投资框架、投资理念、投资方法、投资案例等方面，试图还原段永平人生下半场的心路历程。本书也可作为了解段永平投资全貌的导读本，希望读者可以结合自身的投资经历，进行思考和领悟，有所收获。

目 录

第三章　价值投资素养

第四章　不为清单

第五章　能力圈

第六章　好公司

第一章

"信解受持" 价值投资

段永平一直喜欢"谋定而动"。他先是粗略地翻阅一些和投资相关的书籍，也询问了很多专业人士的意见。不过，他略微有些失望，市面上大部分的投资书籍，讲的几乎都是技术分析，诸如怎么看 K 线、如何把握市场投资的热点、如何抓住市场的趋势等。这时，段永平还没听说过价值投资，但对神乎其神的技术分析，他心里还是有说不清的疑惑，也总是觉得"那是个投机的东西，不想碰"。

1. 买股票就是买公司

2001年，段永平6年前创立的步步高，事业发展正如日中天。不过，这时段永平却提出，自己打算离开自己亲手打造的商业帝国。而这一切，皆缘于段永平曾经的一句诺言。

1998年，段永平曾向远在大洋彼岸的妻子承诺，待到步步高事业走向正轨，他会前往美国，和妻子一起生活。段永平没有食言，三年后，步步高三大系列产品已在市场上站稳脚跟。等绿卡办下来后，段永平将一应事宜妥善交接，并把公司一分为三，托付给自己的三位"得力干将"，为爱奔赴美国。"心有猛虎，细嗅蔷薇"，他以这种浪漫的方式，为其叱咤商海的前半生，画上了一个圆满的句号。

"事了拂衣去，深藏功与名。"到美国后，段永平并没有继续"垂帘听政"，远程遥控公司业务的发展，而是选择完全放权，做起了"甩手掌柜"。他选择陪伴妻子，重新捡起了高尔夫的爱好，享受功成身退的闲适生活。不过，这样平淡的日子逐渐让段永平有些不适应，他不断地思考："我来这里干什么？我不能整天在家里待着。"

这时，段永平心中萌生出了做投资的想法。在他看来，投资的诱人之处是显而易见的，既能让他空闲时候有事可干，还能发挥他的认知优势，让手里的财富不断增值。但是，段永平还是有自己的顾虑。执掌步步高期间，段永平会和资本刻意保持距离。步步高一直有"不融资，不上市"的传统，因而他对资本的运作方式一直很陌生。退休之后，他更想"清净"，并不想像他过去印象中的"老股民"，劳心伤神地坐在电脑面前，盲目跟随别人的意见瞎买瞎卖，这种炒股在他看来"和投机没有什么区别"。

直到有一次，段永平偶然间看到了巴菲特（Warren Buffett）的书。而巴菲特对股票的一些思考，让正在犹疑阶段的段永平忽然眼前一亮。"买股票就等于买下这家公司，买下他的一部分或是全部……"，虽只是寥寥数语，却"一语惊醒梦中人"。他还了解到，凭借极其简单质朴的投资观念，巴菲特靠做投资，成为世界上最富有的人之一。这时段永平才明白，投资并非只有技术分析这"华山一条道"。

其实，"买股票就是买公司"的说法，是价值投资学派公认的理论基石。这一说法并非巴菲特原创，而是出自价值投资开宗立派的人物——格雷厄姆（Benjamin Graham）。在格雷厄姆以前，美国的投资者普遍认为股市就是一个"击鼓传花"的游戏，只要有点内幕消息，即便投资者对公司一无所知，也能靠信息差很快赚到大钱。即便后来衍生出一些研究市场价格走势规律的理论，在格雷厄姆看来仍然偏离了投资的本质。

股票有两面性，从"票"的角度来看，它是股民在市场完成交易的一张凭证。但格雷厄姆认为，股票的本质其实是"股"，是投资者拥有的公司所有权，我们所交易的是公司生意的一部分，而不只是投资者快进快出，博取短线价差的一种工具。而研究股票不是研究"赌技"的概率，而应该把工夫花在研究企业的生意和产生的现金流上。如今，格雷厄姆的观点已经被很多人所接受，但在当时却是一个颠覆性的视角。这个理念后来也成了价值投资学派的源头。

段永平后来回忆道："我曾对老巴讲，我从他那里学到的最重要的一句话，就是'买股票就是买公司'。然后他说，这正是他从格雷厄姆那儿学到的最重要的一句话。"（2010-05-23，段永平的雪球账号）

价值投资思想的传递，是一个"传帮带"的过程。而此时的段永平，很像当年被格雷厄姆点化的巴菲特。当时，段永平还没有见过巴菲特本人，但从听到巴菲特理念的第一天，段永平便选择了"无条件"相信他。他说："我理解价值投资的道理，其实也不是向巴菲特学的，而是本来就在我的血液里的，巴菲特只是给了我信心和提醒而已。"作为"投资小白"，段永平无比幸运，他刚接触投资时，便"皈依"了价值投资的道法。这是因为在本质上，在他看来，做生意和搞投资本身就是"同宗同源"的，投资虽说不用处理公司具体的事务，但买的还是公司的生意。

此时，段永平找到了投资的方向，完成了"信解受持"的第一步。但价值投资具体该怎么做，他还是一头雾水。直到一次机缘巧合，段永平遇到了网易。他与网易的结缘，始于 2001 年网易的一场危机。那一年，网易刚推出了《梦幻西游 2》的游戏，但苦于不懂做营销。因此，网易的 CEO 丁磊托人找到了当时在营销方面久负盛名的段永平。深度接触网易之后，段永平了解到，由于传出财务造假风波，网易的股价被市场明显低估。对游戏十分熟悉的段永平，当时便注意到《梦幻西游》这款游戏未来的潜力，而这显然与公司股价的基本面是背离的。经过对网易公司价值的简单估算后，他意识到自己投资公司的机会来了，于是开始在网易股价仍不足 1 美元时大举抄底网易的股票。

转型投资人的"首战"，段永平便一战成名。从此他感受到，原来投资并不是靠技术分析才能赚钱，巴菲特"投资投的是生意"的说法是真实不虚的。自此，"买股票就是买公司"正式成为段永平投资信仰的"圆心"。其实，段永平投资思想发展大致可以分为三个阶段，而其中每个阶段，段永平对投资认识的深化，都是建立在"买股票就是买公司"这个圆心之上。

段永平投资的第一阶段，始于 2002 年他投资网易，直到 2007 年与巴菲特会面交流的这段时期。这个时期，他下定决心做投资要走"巴菲特路线"，与此同时，他也找了很多美国的上市公司"练手"。信解受持，段永平在这个阶段顺利完成了"信"和"解"。

不过在这个时期，段永平持有的主要还是那些"被市场严重低估的公司"。除了网易投资案之外，段永平投资的两家美国公司——拖车租赁公司 UHAL 以及餐饮连锁品牌 Fresh Choice（"美国鲜选"）——都有明显的"烟蒂股"特征。"烟蒂股"这一说法最早来源于著名投资人本杰明·格雷厄姆（Benjamin Graham）的投资理念。格雷厄姆在其经典著作《聪明的投资者》中使用了一个比喻来形容这类股票：他说投资这类股票就像是在街上捡烟蒂。一个捡烟蒂的人可能会找到一根只抽了一半的香烟，虽然不再新鲜，但仍然可以抽，而且是免费的。这个比喻用来形容投资那些市值被严重低估，但仍具备潜在价值和收益的股票。这些股票的价格很低，因此风险相对较小，而如果它们的业务表现好转，投资者可能会获得可观的回报。就拿拖车租赁公司 UHAL 来说，公司当时股价只有 5 美元，但是段永平敏锐地发现公司价值被低估了，于是在核查了公司的财务可靠性后便果断入手，最终获得了超过 8000 万美金的收益。

早期段永平虽然坚持了"买股票都是买公司"，但这些质地一般的公司也曾一度让段永平掉进"价值陷阱"，股价虽然会回升，但空间并不可观，一不小心还会濒临破产。比如，段永平投资的 Fresh Choice，就因为管理层的错误动作而关门大吉。

第二阶段，始于 2007 年段永平与巴菲特共进慈善午餐。在此之前，段永平只是从字面上自己揣摩巴菲特的投资方法。为了表达对巴菲特投资思想的仰慕之情，段永平成功拍下巴菲特的慈善午餐。与巴菲特亲自见面并建立后续的联系，对段永平投资理念的完善无疑是十分重要的。自此，段永平正式进入了对价值投资"受"和"持"的阶段。

段永平常说："道需悟，术可学。"他并没有向巴菲特请教太多"术"的东西，而是更关心价值投资的门道；他没有机械照搬巴菲特的投资方法，而是结合自己的投资经验，不断从"悟"中学，不断完善自己的投资体系。比如，巴菲特告诫他，做投资一定要有自己的"不为清单"，要牢记不懂的企业千万不能投，不要做空加杠杆。然而，就在听过"老人言"之后，段永平却跑去做空了百度，结果蒙受了巨大的损失。他才幡然醒悟，原来投机做空会让自己失去"平常心"，迟早会"湿鞋"。

以"买股票就是买公司"来说，与巴菲特相识前，段永平习惯从市场中寻找被低估的便宜货。虽然他也看重公司的品质，但作为一个初学者，他还是避免不了有"捡烟蒂"的习惯。这个阶段，巴菲特反复提醒他，"生意模式是最重要的"，不能在"便宜货"里"找黄金"。他意在点醒段永平，买股票不只是买公司，更要买世界上最伟大的好公司。这个时期，段永平一直在问自己，为何生意模式是最重要的？究竟什么样的公司才是好公司？最终，他在苹果公司的身上找到了答案。2011 年开始，段永平果断买入苹果，至此，他的投资进入了"全盛时代"。这一时期，段永平掐准时机，先后购入了苹果、茅台、阿里巴巴、腾讯等世界一流的"好公司"。除了阿里巴巴之外，时至今日仍未卖出这些企业，甚至还在不断加仓。

历经 20 年，段永平的退休生活并不苍白，转型业余投资人的他，从最初那一刻开始，就走在了一条正确的"大道"之上。

2. 买股票就是买公司的未来现金流折现

股市里，经常有人把自己持有的公司称作"票子"。这些大家习以为常的"股市黑话"，在段永平耳朵里听上去却十分不舒服。

不只是"票"，段永平对一切"异化"上市公司的语言都十分反感。他不喜欢用"炒"和"交易"等字眼形容投资，更不喜欢有人直呼股票代码。在他看来，语言习惯反映的正是一个人的投资观。他说，"我们对自己投资的公司应该是持喜欢和尊重的态度"，不应该只把它们当作一种短期获利的工具。

很显然，段永平投资股票不是为了短线谋利的，从他的话语风格中，很容易看出他对长期持股的重视。他常说："没办法看懂五年十年，就不应该碰""封仓十年是个很好的思路，选股时就应该这么想""贵不贵，要用五年十年的眼光看，没办法绝对知道市场短期到底会怎么样"。"五年十年"在段永平看来都还不够，他希望我们能看到"企业的整个生命周期"。如果一家企业能够永续存活一千年，投资人在评估一家企业的内在价值时，也应该把眼光放到未来的一千年。

诚然，"估值要估一千年"是一种夸张的说法，很少有人能成为知晓企业千年命运的预言家。段永平是想提醒投资者，我们真正该关心的不是"美联储加息对我的股票有什么影响""欧债危机会不会让我的股票大跌"，而是要能看懂一些重要的东西，尤其是一家企业的"未来现金流折现价值"。

"未来现金流折现价值"是段永平投资经验中一条不是秘密的秘密，他经常说："我理解的投资归纳起来就是：买股票就是买公司，买公司就是买公司的未来现金流折现！公司价值是什么？就是公司未来现金流的折现啊！未来是多久？就是直到永远的意思。"

前半句"买股票就是买公司"，阐明的是段永平的"投资世界观"，即"投资的本质是什么"的问题：投资投的是一家公司的生意。对他来讲，一家公司即便是上市了，也可以当作"非上市公司"来看待。从这个视角看，股民不再是"炒家"，而是一家公司的股东。他们脑海中思考的问题应该是公司未来能为股东创造多少收益，而非专注在眼前股价的起伏高低。那么作为股东，应该如何评估一家公司到底是否值钱？具体值多少钱呢？后半句"买公司买的是未来净现金流价值"给出了答案。这里的"未来现金流折现"的方法，正是段永平的"投资方法论"，也是西方价值投资学派用来评估一家企业内在价值所广为流传的一套方法，段永平甚至把它尊为自己做投资所用到的"唯一的挥杆模式"。

"现金流折现"这套理论，最早是由约翰·伯尔·威廉姆斯（John Burr Williams）在《投资估值理论》（The Theory of Investment Value）中提出的，他认为："一个公司的价值，决定于在其生存期间，未来预期所能产生的所有现金流在一个合理利率上的折现。"[1]后来也被格雷厄姆、巴菲特等价值投资者作为估计一家企业内在投资价值的基本方法。威廉姆斯提出这个理论之前，上市的企业在市场看来，和赌场里交易的筹码并没有区别，大家缺乏一种科学的方法计算一家企业真实的内在价值。既然连公司"价值几何"都无从所知，投资一家公司的未来更是无从谈起。理论上，一家公司当下值多少钱是由未

[1] John Burr Williams.The Theory of Investment Value[M].Rappahannock：Fraser Publishing Company，1997.

来能赚多少钱决定的，但因为货币有时间价值，所以需要对企业未来产生的现金流做一个"折现"的处理，把企业未来若干年的"净现金流"叠加在一起，便是一家企业真实的内在价值。

"未来现金流折现"这套方法，是巴菲特给企业估值时最常用到的工具，段永平早年阅读巴菲特的著作时，便注意到了这一点。不过，段永平真正把"现金流折现的方法"当作自己唯一的挥杆模式，却有一段特殊的认识过程。

首先，当时市场上对投资标的的估值方法有很多，可段永平为何对"现金流折现"的方法最感兴趣，而没有选择诸如技术分析等其他方法？

这不得不提到段永平投资网易时的思考过程。2002 年，段永平有幸与当时网易的高管接触，他无意中了解到，网易未来会发行一款叫作《梦幻西游 2》的游戏。段永平是游戏行业出身的，他自然更清楚什么游戏会成为爆款，成为爆款之后的游戏能赚多少钱。虽然只是一种"毛估估"，但凭借自己过去的经验，他知道网易的价值远比那个时候不足 1 美金的股价要更值钱，因而才敢大胆决定在网易上"赌一把"。彼时，段永平并不知道专业的投资者是如何确定一家企业的内在价值的，但他的思考方式"歪打正着"。他给网易估价用到的方法，归根结底是基于网易未来的净现金流，这与"未来净现金流折现"模型基于企业未来盈利的估值思路不谋而合。

其实，早年接触投资时，段永平也了解过其他流派的投资理论，比如技术分析。很多人认为，技术分析是有章可循的方法，对"初学者"很友好，只要用得好，在很短的时间就能实现可观的收益。然而，段永平并没有随大流，而是始终都在独立冷静思考。他非常奇怪，如果有人靠一个所谓的"赚钱公式"就能轻松赚钱，为什么市场上最后赚钱的并非多数呢？但他也注意到，为什么用一个技术分析的规则去解释市场，竟然会得出涨跌完全相反的结论？他在中国人民大学硕士期间，曾经学习过经济学、统计学，自然有能力把技术分析用到炉火纯青的水平。但是，不管做任何事情，他认为下好"第一手棋"、扣好"第一个纽扣"远比事后补救更重要。

在段永平看来，指导投资的方法不在多，用好一种就足够了。比如，经常有粉丝向段永平打探，问他是否会结合技术分析"看图看线"的方法做决策，段永平会幽默地回答："我的水平已经到了知道不能'看图看线'的地步。"他发现，技术分析会"上瘾"，投资者一旦尝到过甜头，赚过钱，再想转变会变得更加困难。国内有很多职业投资者，嘴上奉行"价值投资"理念，也拿到不错的成果，但是段永平发现，他们中有很多人，早年接触过技术分析，数十年过去了，还是会抵抗不住偶尔"看图看线"的诱惑。还有一些投资人，说自己既学习了巴菲特，又借鉴了索罗斯（George Soros），是所谓"价值投资"和"技术分析"的"中间派"。但在段永平看来，并不存在任何中间路线，人只要"沾染"过看图看线的方法，很少有真正放弃的。

除了技术分析之外，资本市场还有很多短期投机的技术，比如靠打新股赚钱、利用兼并收购的概念赚钱，等等。但是在段永平看来，它们都是"捷径"。

如果一个投资者连自己买的东西是什么都搞不懂，又凭什么能赚到市场上大部分的钱呢？所以，学习段永平使用未来净现金流折现的方法，一方面固然是在"术"的层面学习他如何把这项技术用在看懂一家公司和挑出一家好公司；另一方面则是学习他如何抵抗人性的弱点，抵抗短期利益的诱惑，"弱水三千，只取一瓢饮"，审慎对待"第一手棋"的智慧，这一点是比较难的。

在提到未来现金流折现的方法时，段永平反复强调，"未来现金流折现"是一种"思维方式"，而非一个公式。什么是对这套方法的"公式型"理解呢？"未来净现金流折现"本身是金融学者提出的一个估计资产价值的数学分析工具，第一次把不可捉摸的企业价值用可量化的方式计算出来，用于辅助投资决策。作为数学工具，要学习这套模型需要一定的专业知识和测算细节。例如，自由现金流折现该如何界定，折现率如何确定比较科学，未来企业的增长率该如何计算，等等。很多人在请教段永平这套方法时更是认为，似乎只要学会用熟这套数学公式，就能得出十分精确的估值结果。

很少有人知道，段永平第一次使用这套模型估算网易价值时，甚至还把模型"用错了"。据段永平本人回忆，当时在使用这个方法时，甚至连"折现率"这一步都没有算。如果按照金融投资分析的专业性来评价段永平的这次"估值"，那一定是粗糙不堪、漏洞百出的，但这并不影响段永平投资网易取得的成绩。而这正是对这套方法是一个"思维方式"的最好说明：未来净现金流折现用得好，不是公式用得多么完美无瑕，而是你对生意的理解是否到位。

除此之外，"未来净现金流折现"的概念，在段永平看来，还是一个区别投资者做得究竟是投资还是投机的"试金石"。投资有很多面向，不管是投资策略、选股方法、择时方法、风控技巧、买入和卖出的逻辑，还是我们理解一门生意的基本方式，如果考虑的不是一家企业未来的盈利状况，这样的方法都是在"投机"。而这个概念，也成为理解段永平价值投资思想真正的"起点"和"圆心"。

3. 投资是种田，投机是狩猎

段永平的投资价值观里，有一条绝对不碰的底线：坚决不投机。

在刚接触投资时，他对股市中人们习以为常的各类投机手段本就十分不屑，而在后来与巴菲特见面交谈后，段永平更加笃定了他远离"投机主义"的态度。"巴老"专门告诫过"阿段"，要谨记"不能碰杠杆，不做空，不要搞投机"。巴菲特曾遇到过太多投资人，也目睹过很多失败的故事。对这位股神的告诫，段永平是听在心里的。但随后不久，段永平却经历了一次巨大考验。

当时，段永平在投资圈早已名声大噪，他成功抄底网易，与巴菲特共进午餐的故事被媒体广为报道，大众十分好奇下一家能被段永平选中的"幸运儿"到底是谁。此时，段永平正好有些现金，但遗憾的是缺少让他心仪的好公司。不太习惯"空仓"的段永平，唯一一次把巴菲特的"老人言"抛在脑后，上演了一次"投机式做空"。段永平本人回忆说，这是迄今为止"犯过的最大错误"。

2005 年 8 月 5 日，百度登陆美国纳斯达克交易所。根据当时百度的招股说明书，股票的发行价原本定的是 27 美元，可开盘后股价便疯涨至 66 美元，甚至一度触及 150.5 美元的高位。由此可见百度当时在美国交易所的风光。此时的段永平，在投资美股方面已有一定经验，而当时势如破竹的搜索引擎王者百度，也顺理成章引起了段永平的注意。

2006 年，百度势头不减，其搜索业务大幅盈利，一度有独霸中国互联网江湖的架势，股价涨幅更是高达 85%。当时，百度不仅是单股价格最高的中概股，还成为首家进入纳斯达克成分股的中国公司。不过，面对风头正盛的百度，段永平并没有随波逐流，在和团队研究的过程中，大家敏锐地发现百度并非完美无瑕，而是有大问题。具体原因段永平从未详细揭露过，但是他口中的这些问题，让他萌生出想要"逆势"做空百度的念头。

一开始，段永平只是放了很小的仓位，但后来股价的走势却和他的预设南辕北辙。他本可以迷途知返，割肉止损，但不知从哪里冒出来了一股不服输的劲儿，让段永平越亏越买。段永平说："之前投资表现非常好，有点飘飘然，真以为自己很厉害。"他承认当时自己跟"昏了头"似的，不知从哪里来的勇气，盲目相信自己的判断。虽然他的做空理由日后的确引发了百度股价大跌，也对百度的实际经营产生不小的冲击，但遗憾的是当时"做空"因为时机不对，变成了"踏空"，导致他的多个账户被人夹空，最终以血亏 1.5~2 亿美元的结局狼狈收场。

段永平事后大方承认，自己亏钱的多数经历可以被原谅，但做空百度实属极度愚蠢，是彻头彻尾的"投机"。

其实，段永平在做空时所犯的错误，任何一个普通投资者入市时同样也会经历。比如，账户刚赚了不少钱，就以为自己已经具备了稳定盈利的能力；无法忍受空仓，到处想办法把手里的现金投资出去；对市场和公司判断盲目自信，过于"飘飘然"；在市场已经"公布答案"时，仍心存赌性，不知罢手。

段永平这次"不听老人言"并非有意为之，身为"过来人"，巴菲特很清楚，投机和做空是人性的一种本能，而如何驾驭投机的冲动，是每个投资者在投资路上都必须要过的一道坎。不过，段永平的"学习曲线"十分陡峭，栽了百度的跟头之后，他对"投机"这件事的本质展开了更加深入的思考。

他发现，做空百度对自己的伤害，远远不止亏钱那么简单，因一时头脑发晕导致的"盲目自信"，让他丧失了当时原本可以用来投资更好公司的机会。于是,他得出了"投机的机会成本实在太大"的结论。直到 2008 年金融危机时投资了通用电气,一年时间收益翻倍,投资百度的损失才最终得以挽回。从此之后,段永平"学乖了",投机和做空成了段永平不敢轻易触碰的高压线。

其实,段永平偶尔也会投机。比如,2021 年 1 月 16 日,段永平在社交媒体上宣布,自己买了少量的曾被大力看空的特斯拉,是自己"今年的第一笔投机";2022 年段永平分配了一些资金,少量购买了美国天然气指数基金 UNG,并发文称这是自己的一笔"长线投机"。要知道,早在 2009 年,因为对 UNG 的判断错误,段永平还亏了不少钱。那么,为何段永平一方面坚决不碰"投机",但另一方面却要以投机之名,行投资之实呢?

在段永平看来,上述"投机"的操作,与常人理解的投资,性质是完全不同的。大部分投资者经常会把投资和投机混为一谈,但段永平认为他们其实是两个泾渭分明的游戏。投资指的就是价值投资,盈利是可控的;而投机就像买彩票,结果如何,不受投资者控制。把投机当作一个"游戏","小赌怡情"是可以的,但是没有人会把买彩票当成赚钱的工具。段永平投资,不是为了赚钱,有时他"小玩玩",可能是为了验证自己的一些判断,可能是督促自己研究公司时更加认真。不过,每次投机前,他都会提醒自己,投资和投机分属两个不同"心理账户","投机就是 for fun(为了乐趣),投资才是 for money(为了赚钱)"。

段永平的不少"投机"都是赚钱的,但为什么不复制赚钱的结果,把投机当作盈利工具呢?这是因为,在段永平看来,投机是一个经典的"零和博弈"的游戏。他打过一个比方:炒股投机就像是猎场打猎,每个人都互为猎物,看谁兜里赚到了钱;可一不小心,就会被比你凶猛的猎物干掉。"螳螂捕蝉,黄雀在后",即便你自认为是"高手",也会被水平不如自己的"菜鸟"从后面干掉。做空百度就是个例子,身为商界传奇人物,段永平无疑比普通人更先一步摸到了百度的问题,但还是抵不过普罗大众的"看多"热情。

因此，段永平很喜欢把投机比作"赌博"，他言辞果断地指出，"短线赚了钱的意思和去赌场赚了钱的意思是一样的"。短线玩家，最大的问题在于，他们对公司的"未来现金流"是一无所知的，那公司于他们而言，就是赌桌上的筹码而已，投资也变成了一场依托于"获胜概率"的赌博游戏。妄图靠"赌博技术"提高所谓的赢率看似有用，但随着投机次数的增加，也会因为一两次的巨幅亏损而永远无法翻身。所以，每当市场上很多人宣称自己是一个季度或者一年内赚到了可观的超额收益的"短跑高手"时，段永平会毫不客气地说"他们不会告诉你'全部的故事'"。

既然投机赚钱不可靠，那为何忠于价值投资才是"唯一变富的方法"呢？

第一，价值投资的收益是可控的、稳定的。段永平有两个经典的比方，他说："投资赚钱就像开赌场，而不是做赌客……投机的方法赚不了钱，但是卖'赚钱公式'的讲师是稳赚不赔的。"开赌场也好、做讲师也罢，段永平眼中的价值投资不需要"富贵险中求"，而是要追求确定性。所以，"价值投资的风险不该比开车出门大，投机的风险不会比去赌场小"。价值投资提倡，要在自己熟悉的领域做投资，要只专注于投资世界上商业模式最好的公司，投资时要留足充分的"安全边际"等，都是为了消解价值投资的不确定性，达到"低风险高收益"的效果。

第二，价值投资为何可控？这是因为价值投资赚的是生意的认知。在一次交流中，段永平曾谈到过："机器肯定越来越强，人已经在围棋上输了，做投机你也打不过机器。但在投资上，机器永远打不过人，因为机器看不懂公司。"但是，"成长型企业"的增值是一个漫长的过程，投资者的认知"护城河"也不会一天建成。靠投机赚钱，反馈即刻就有，但投资并不是这样。在段永平看来，价值投资的本质很像"种田"。虽然有天气不好的时候，但作为"种田者"的农夫，他们脚踩大地，内心十分踏实和平静，因为他们知道，春天播种，秋天一定会有收获。

投资是对智慧的耕耘，而非对运气的挑战；是以深刻的洞见书写未来，而非在表面的波澜中迷失自我。

4. 做对的事情，把事情做对

商界翘楚、中国巴菲特、营销天才、创业教父……段永平是一个公认的"通才"。无论是做实业，还是投资，他从不走偏门，而是讲正道。但凡他涉足过的领域，几乎都能不出意外地站上顶峰。"通"的背后，是段永平一套广为流传的成事哲学："做对的事情，把事情做对。"

段永平是一个公认的"通才"，令人仰慕的头衔实在多到数不过来。实业方面，他是中国电子数码行业最早的一批成功者，是创造过无数个国民爆款的营销天才，而在隐退之后，他还做上了"创业教父"，帮助过拼多多、极兔等商业新秀走向成功。投资方面，他投资网易便首战告捷，后来居上，鲜有败绩，被誉为"中国的巴菲特"。任何领域，段永平不做则已，一做必然做到行业最好。

段永平并非"通才"，他跨界过很多领域，不仅没有铩羽而归，最后还能屡屡登上顶峰。这离不开他看人做事的一套通用的心法，叫作"做对的事情，把事情做对"。

取得世俗意义上的成功，几乎是每个人最朴素的愿望。决定成功的因素有很多，但在段永平看来，无非是"做对的事情"和"把事情做对"两个方面。"做对的事情"说的是做事的方向问题，在错的事情上，不要浪费过多无谓的精力。然而，我们的世界选择太多，诱惑太多，很多事情也并不是非黑即白的。要从一开始就找到对与错的边界，其实并不容易。不过段永平始终相信，一旦我们发现事情并不像一开始想象中那样正确时，就要及时止损，以最小的代价避免一错再错的发生。

在段永平的眼中，"做对的事情"道理并不难于理解，但难的地方却是如何"明辨是非，抗拒诱惑"。1996 年，步步高刚刚起步。段永平出走"小霸王"后，与公司签了竞业禁止协议，承诺不能抢前东家的饭碗，这让段永平不得不放弃利润颇丰的游戏机业务。创业初期，公司"一穷二白"，账上并没有多少钱。与此同时，之前的老部下舍弃前途追随段永平。考虑到他们的吃饭问题，公司必须要有事可干。有人建议他说，东南沿海的代工业务来钱很快，很适合当时处境下的步步高。还有人给他引荐了沃尔玛的大订单，认为这会让步步高"吃穿不愁"。可是，思考再三后，段永平还是态度鲜明地婉拒了。在他看来，代工虽然能让员工有事可做，但这个模式并没有什么差异化的竞争力。而上游企业会像拧毛巾一样抠成本，对企业来说利润太低。要是就这样被别人牵着鼻子走，很容易把自己的企业搞死。面对这样一块"鸡肋"，段永平宁愿放弃，也不愿葬送自己的前途。

光是"有所不为"还不够，对于"所为"的方向，段永平则更加审慎稳妥，有的业务即便前期早已投入了重金，他也会"鸡蛋里面挑骨头"，没有十足的把握绝不匆忙上马。20 世纪 90 年代，国内的彩电行业发展势头强劲，为了进军彩电业，步步高光是研发一项，投入就已经高达一个多亿了，这在当时几乎是一个天文数字。然而，一次他和彩电项目的负责人开会，两人不约而同地意识到，进军彩电业可能是一步险棋。那个时期，国内彩电同质化严重，步步高也很难做出差异化，这样下去，价格战势必发生。推演一番之后，他们发现，如果继续无谓地投入，最终不仅不能占据一席之地，还会把步步高拖入永无宁日的消耗战。最后，段永平还是选择壮士断腕，叫停了项目的研发。

可以想象，步步高哪怕是下错一步棋，陷入任何一个"鸡肋项目"

或是"绞肉机产品"的泥潭无法自拔，我们后来也无法见证步步高的辉煌奇迹。学习步步高的成功经验，在很多人看来，是学它如何打造家喻户晓爆款产品的经验，可很少有人关心，当初的段永平是如何抗拒诱惑，逐个否决那些会置步步高于永久被动的战略及业务的。

"不仅要关心别人做了什么，更要关心别人不做什么。"这个道理，也是段永平开始做投资时最关心的。投资的"第一手棋"该如何下，他更是比任何人琢磨得都要透彻。他发现，"投资里，做对的事情就是买股票，就是买公司，就是买公司的生意，就是买公司未来的净现金流折现。"在他看来，价值投资是唯一正道，在投资中"做正确的事"，不仅要学习价值投资"专注生意"的思想和方法，关键是要避开所有可能和投机沾边的错误尝试。

从某种程度上讲，"投机"和"代工"有很多类似之处。投机者看似每天有事可做，盯着市场上下求索，赚到一笔大钱就能"吃穿不愁"，但在段永平眼中，这种模式却是不确定性极高的"辛苦活"。投机者对自己所交易的公司却一无所知，有点盈利便落袋为安，出点状况便拔腿就跑，看似围着市场操心费力，但到头来只能赚些蝇头小利。他们享受着肾上腺素飙升的快感，在概率的游戏里，稍不留神可能就会被一两次损失"打回原形"。长期来看，收益怎么可能可观呢？

而价值投资则不一样，投资者赚的并非市场上下波动的收益，而是赚公司长期价值增长的超额收益。最终的回报，站在投资者的视角看，是对其看懂生意长期价值的"能力的奖赏"；从公司的视角看，"投资投的是企业带来的利润"，投资者收益等同于公司予以股东的长期回报，是优秀的商业模式和管理层的经营能力复利增长的结果。段永平相信，坚持价值投资的人，虽然短期可能要承受一定的亏损，但长期来看，"时间会站在做对的事情的人的一边"。

当然，光有正确的方向还不够，"把事情做对"的能力对取得成功，同样不可或缺。把事情做对，拿到预定的结果，不同的人有各自的手段——"八仙过海，各显神通"。不过，段永平并不相信"出奇制胜"

的做事方法。在他看来，"把事情做对"更需要稳扎稳打、稳中求进，尤其是要做那些"别人都能想到，但只有你真正去做了"的事。在一次演讲当中，段永平分享过"把事情做对"的诀窍，第一个叫作"技能包"，第二个叫作"重复做"。

在段永平看来，把事情做对并不是靠单一的一项技能，而是需要一个 "skill sets"（技能组合），而这个组合中的每一项技能都不能有短板，都需要个人或企业极尽所能，打磨到极致。在步步高时，段永平曾经提出过一个"木桶理论"，他认为企业的管理和经营是个系统，是由若干个协同有效的"子系统"配合而成的，大到战略、系统、文化、制度，小到产品、质检、售后等，每个板块都要均衡发展、协同用力，做到尽善尽美，决不能出现短板。而每一项技能要做到极致，别无他法，只有持之以恒地"不断做，重复做"。

比如，步步高同时期的很多同行，为求利益最大化，对产品质量可谓是"睁一只眼闭一只眼"。在段永平看来，产品质量却是所有"木板"当中最重要的一块，要做到"人有我优"，从产品设计到质量把控，段永平和团队倾注了太多心血。他曾透露过，为了把产品质量打磨到极致，步步高的产品流程有一叠厚厚的文件，谁看了都会累得不胜其烦，但是所有人还是会一层接一层做到最好。在 20 世纪 90 年代，光是邀请品质管理顾问这一项，步步高就要花掉数百万元。

"一法通则万法通"，做投资时，段永平也在思考，价值投资不是空谈理念，"把事情做对"究竟需要搭建怎样的"技能包"？力气究竟要花到什么地方，对最后的投资才能真正起到作用？很多人做股票投资时，常常是"表面上的勤奋"。他们会经常关注市场上发生的各类新闻，对宏观经济形势和公司的大小事情乐此不疲地追踪。有人也经常问段永平，问他对美联储加息怎么看，对欧债危机等国际事件怎么看，这些投资时的"努力"在段永平看来，是徒劳无功的。

在他看来，做好价值投资，"把事情做对"最重要的能力，其实是如何看懂一家公司的生意的能力，而非盯着市场的风吹草动。很多投资者以为对生意理解得已经足够到位了，可真遇到了市场下跌，就开始战战兢兢，才发现他们对看懂一家公司，只是做到了"一知半解"。段永平认为，看懂一家公司的生意，是一件"简单但不容易"的事情，同样要"不断学，重复做"，花费若干年时间，不厌其烦地看懂一门生意。

段永平用"围棋九段"打过一个比方。一个刚入段的围棋棋手，和一个九段高手相比，两人都可以叫作"懂围棋"，但彼此"懂"的程度却有高下之分。高手眼中的棋局更讲究"通盘无妙手"，可新手只会关注"眼下两三步"；高手能对敌方的各式出招从容应对，可新手往往只能被动接招。这种认知的差异背后，本质上是"把事情做对"能力的巨大悬殊。价值投资同样如此，面对同样一家公司，有人倾向于预判接下来几个交易日的走向，可高手总是不断揣摩公司几年后的发展前景；对于同样一桩生意，有人喜欢道听途说，不懂装懂，有的内行却早已看出门道，在不经意间闷声发大财。

段永平定下价值投资的方向后，之所以能快速从"新手"到"高手"，原因就在于他把大部分的时间，都花在揣摩一家公司的长期价值上。早期他投资 UHAL 时，并没有第一时间作出判断，而是躲在幕后整整观望了一年时间；后期投资苹果和腾讯时，他甚至一度花费几年时间，不断思考公司未来十年的预期盈利。在他看来，"术是可学的"，作为新手，更是要聚焦在看得懂的公司上，"看不懂，再接着看"。

其实，"把事情做对"也好，"做对的事情"也罢，两者并不是孤立而存在。不管是投资还是做生意，成为高手的秘诀，便是要保持"做对的事情"和"把事情做对"的叠加态。段永平发现，有的投资者对价值投资的观念深信不疑，但却没靠价值投资真正赚到什么大钱。有的人要么股价大跌便仓皇卖出，要么动不动回到被市场牵着鼻子走的老路。问题还是在于他们还没有真正看懂一家公司，因而一遇到风吹草动，便质疑自己的判断。可见，光做正确的事，但是方法没用对，看公司不够深，是不足以在价值投资中赢得成功的。

　　而另外有的投资者，对公司生意的领悟力极高，但可惜的是，这群最聪明的人，很多却是"投机爱好者"。他们不满足于只看一家公司，只投资自己看得懂的生意，而是在不同的公司之间反复横跳，自以为每次都能"赌对市场"。但在段永平看来，聪明不等于智慧，这群"聪明人"虽然有把事情做对的能力，但往往缺少的却是"有所为有所不为"的智慧。他们就好像"小偷钻研赌技，最后成了赌王"，也许一两次失败，就会把他们永远"推到坑里"。

　　作为普通投资者，我们的确需要有"结硬寨、打呆仗"的愚公精神，矢志不渝地精进我们看懂好公司的基本功，这就是段永平所说的"术可学"。但与此同时，我们更要有"弱水三千，只取一瓢饮"的守拙智慧，恪守"做对的事情"正是段永平提倡的"道需悟"。两者缺一不可，不可偏废。

5. 你懂的生意才是好生意

众人在回顾段永平投资经历的过往时,始终绕不开他和巴菲特共进慈善午餐的故事。十多年过去了,拍下这顿午餐的华人不在少数,当我们回过头去审视这段经典往事时,不禁会思考,这场段永平"蓄谋已久"的慈善晚宴,和他现如今的成功到底有何千丝万缕的联系呢?

2006 年 6 月 29 日晚,全世界投资者都在关注一件大事,这是巴菲特在 Ebay 网上一年一度竞拍他慈善午宴的日子。在 5 名竞标者中,有一个网名叫做"Fast is Slow"("欲速则不达")的神秘来客,在出价 29 次后,他终于抢到了这千载难逢的竞拍资格。而这个神秘来客,就是段永平。

2007 年 5 月 9 日,在美国纽约曼哈顿一家叫作"Smith & Wollensky 牛排馆"的餐厅,这场举世瞩目的慈善午餐按双方约定的时间如期举行。怀着对前辈"朝圣"的心态,段永平提早来到了餐厅。在此之前,段永平早已熟读巴菲特的著作。靠着价值投资大师在"冥冥当中"的启发,段永平取得了一些拿得出手的成绩,但他仍然有种必须要当面见到巴菲特的冲动。在交谈中,两人的话题不只是围绕投资,就连慈善、高尔夫、爱情观等周边交流,两人也都聊得十分开心。

按照常人的普遍看法,如果有幸能和这个世界上做投资最厉害的人共进午餐,大家一定会向他讨教该买什么股票,投资有什么诀窍,若是换取对方秘不外传的投资心法,不仅能赚回"饭资",还能靠着这些锦囊妙计，轻松实现几倍收益。然而这些问题并不是段永平最关心的。据他日后回忆，这顿午餐当中，对他日后帮助最大的，是他问巴菲特的一个问题——在投资当中曾经犯过哪些错误？段永平洗耳恭听，尤其是巴菲特的那句经典的劝告：不融资、不做空、不要做不懂的东西。此乃段永平的过人之处，他求的不是如何化解危机、生财致富的锦囊，而是如何才能不用锦囊。比起求些照猫画虎、东施效颦的"技术"，他更在乎的是做好投资的"红线"。

巴菲特谈到失败的经历时，反复重复一句话："不要做不懂的东西。"巴菲特所说的"不懂不投"，并非为段永平量身定制的投资箴言，而是巴菲特投资思想当中重要的"能力圈"。

巴菲特对价值投资理念最大的贡献之一，就是鼎鼎有名的"能力圈"理论。他认为，真正好的投资，一定要基于投资人对企业的了解程度，只投资自己能力圈范围内的好企业。巴菲特还指出，能力圈有多大并不重要，重要的其实是"如何定义自己能力圈的边界"。而投资当中的大部分错误，尤其是那些致命的错误，大多和人们经常跳出能力圈的边界做事有很大关系。

为了将投资失误的概率降到最小，巴菲特一直被人嘲笑是"老顽固"。他过往投资的经典案例，大多停留在消费股和金融股，如喜诗糖果、可口可乐、运通公司、华盛顿邮报、吉列等成功案例，都是十分简单易懂、和普通人日常生活关系非常大的"简单公司"。在普通公司当中找到有护城河的伟大企业，一条潜在的线索便是它们通俗易懂、确定性极高。

重视能力圈的另一层原则，则代表着投资必须要放弃那些当前被市场看好但自己却无法看懂的大牛股。

很多人会把 21 世纪后巴菲特的投资业绩不如以前，归因于放弃了这二十多年里期间涨幅最大的互联网赛道。巴菲特之所以避开，正是因为他认为自己看不懂互联网，无法从中找出一家有确定性的企业。即便是苹果这样的伟大企业，在智能手机蓬勃发展的前夜，巴菲特也是尽可能地回避。段永平在苹果股价仍然只有 15 块的时候，曾经非常想向巴菲特"荐股"苹果，但他十分清楚巴菲特对能力圈的重视，一直犹豫要不要提。后来，直到苹果慢慢从一家他们看不清、读不懂的"前沿企业"变成了从财报上能读出确定性收益的现金牛企业，巴菲特和芒格才在 2016 年开始持有大量苹果公司的股票。

对于巴菲特在午餐上提到的"不懂不投"，段永平当年有种如遇知音的感觉。恪守能力圈，并非段永平在与巴菲特共进慈善午餐时才偶获的"新词"，在见到巴菲特以前，段永平重仓的大部分企业，几乎都是他自己看得懂的好企业。

比如，段永平最早看好网易的一条理由，便是基于他对游戏行业的长期了解，才发现了当时网易正在开发的《梦幻西游》未来有庞大的市场价值。

再如，段永平在 2005 年创维数码的创始人财务造假余波仍未消散之际，大举持仓，用他的原话来说就是"我对创维是了解的"。步步高早年间有过布局彩电行业的想法，段永平对这个行业可谓如数家珍，他知道当时的创维是国内彩电行业中最有竞争力的企业，这也成为他当年"抄底"创维时最大的心理底气。

除了只投资看得懂的企业，早年间的段永平还重视投资自己看得懂的人。比如 2005 年，段永平在万科股价还是 2 元钱时，便大举加仓万科，一直买到了持仓比例达到 5% 才肯收手。有人说，段永平买万科是因为看到了中国房地产未来的发展。实际上，他看好万科，是出于自己对王石的了解和信任。他眼中的王石，不只是一个只会赚钱的企业家，他有"利润之上"的追求。直觉告诉段永平，凭他对王石的了解，万科不会弄虚作假，万科在这样的企业家掌舵下，股价上涨是迟早的事。

遇见巴菲特，与其说是学到了什么新东西，不如说是段永平对自己此前的价值投资感悟的某种印证和确信。自此之后，段永平几乎把"不懂不投"当作做投资的最高信仰来看待。段永平反过来也强调，学习巴菲特，并不是要学习他买了什么，而是要学习高手的心法，如果自己看不懂，那么跟高手是永远跟不住的。

经常有一种论调，说段永平是"中国巴菲特"，但是巴菲特不投资互联网，而段永平手里持有的网易、阿里巴巴、腾讯、拼多多等公司，可都是清一色的互联网企业。他们到底有何不同之处？段永平给出的答案是："我和巴菲特最大的不同，是我们的能力圈不同。"

一直以来，段永平的能力圈射程，主要集中在制造业和互联网企业。段永平在电子设备制造业一线的经验，让他在库克刚接任苹果 CEO、前途未卜之时，就领先于巴菲特一步看到了苹果的投资价值。再后来，段永平逐渐对制造业失去了兴趣，不看好制造业的公司。但正是凭着自己在制造业深厚的积累，他发现了苹果身上不一样的投资价值，早在 2012 年，他便先于巴菲特看到了苹果的"护城河"。这就是段永平为什么会说"我敢重仓苹果，老巴大概率不会"的原因了。

段永平极其擅长互联网企业的投资。市场上有这样一个说法：他们认为巴菲特失去了"过去的 20 年"，因为他太过保守，对最具前景的高科技以及互联网的发展熟视无睹；而介入了互联网和高科技投资的段永平，有朝一日一定会超过巴菲特。但是，很少有人认识到，段永平之所以对网易和腾讯这样的公司了解更深，其实并不是段永平看好互联网。网易和腾讯都有一个共同点，它们的主要盈利来源是游戏，而对游戏的洞察离不开段永平在"小霸王"创业时累积下来的经验。这并不是因为段永平比巴菲特更"新潮"，他也只是在自己的能力圈范围内发力而已。况且，段永平并不认为自己曾经介入过所谓的"互联网"，在他眼中，互联网就是一个工具，和当年的公路、航空等基础设施没有什么区别。工具在变，基础设施在变，但消费者的底层需求是没变的。

与其说段永平更懂互联网，倒不如说他更懂消费者的底层需求，他能分辨哪些互联网有好的商业模式，可以更好地满足用户的需求。

6. 价值投资者的买卖都和价值有关

任何一个系统全面的投资框架,投资人所关心的除了如何选出好公司,更为重要的就是如何把握好买卖的时机。精准的"抄底和逃顶"是每个投资者的理想,可是,面对波涛汹涌的市场,并不存在一种放之四海而皆准的"买卖公式"。

不同的投资流派凭借各自的武功招法,都在试图抽丝剥茧,找到信度和效度都最高的买卖信号,有的靠技术图形,有的相信情绪指标,有的关注成交量,有的甚至执迷于小道消息。股市里有句经典俗语——"会买的是徒弟,会卖的是师父"。每个投资人都想靠着自己那一招半式成为笑傲江湖的师父。

很多网友也都十分希望从段永平这里获得如何买卖股票的秘籍。面对这些问题,段永平总是一笑了之,他不认为买卖股票有什么标准的公式,但要想真正赚到大钱,都必须记住:"无论什么时候买卖,都不要和买卖的成本挂钩。"

什么叫作"买卖和成本挂钩"呢?举个例子,很多人卖出自己的股票,用的理由是"我已经赚钱了",好不容易历经千难万险,从几千只股票里挑出了几家不错的公司,但还没等捂热乎,账面上刚有点浮盈,就着急忙慌脱手。如果你在卖出一只股票的时候,想的是和成本价相比,已经赚得足够多了,那到最后的结果,就是你很难经得住卖价的诱惑,后面股价涨得再高,也与你无关。

为什么成功的价值投资者总是"拿得住"手里的股票，任凭卖价是高还是低，账上是浮亏还是浮盈，他们总能做到"任尔东西南北风"呢？这种定力到底是从何而来呢？研究过段永平持有网易"一战成名"的经历，你就能够理解了，对于一个价值投资者，他们不管是买还是卖，焦点只放在企业自身的价值上；至于自己买卖的成本价是多少，市场是怎么给股票定价的，一律都要从自己的字典里删去。

2000 年，网易既是幸运的，也是不幸的。那年网易代表中国 PC 互联网时代的"三大元老"，成功登陆纳斯达克，但不幸的是很快就赶上了互联网泡沫。2001 年，互联网泡沫完全破裂，纳斯达克的市值整整跌去了 2/3，市场遭遇冰点。丁磊想把公司卖掉，却怎么也卖不出去。而后来公司又因涉嫌财务欺诈，成了第一个美股里被强制停牌的中概股。网易的股价从上市那天起就一直在"走背字"，上市当天跌破发行价，跌到史无前例的 0.64 美元。

彼时的网易还一度传出要退市，可能随时被摘牌，根本无人接盘，股价也持续徘徊在 1 美元以下。丁磊为了扭转败局，力排众议砍掉了公司的 SP（服务提供商）业务，宣布全面"All in"在网游业务上，于 2002 年推出了大型网游《梦幻西游》。当时营销是丁磊的短板，段永平那时是中国品牌营销的风云人物，两人借此机缘会了一次面。正是在这次会面后不到几个月的时间里，段永平就动用了自己手里所有的现金，在公开市场上买入网易 152 万股股票，成了网易的大股东。

不过，究竟该不该抄底网易，当时市场上可谓是"一边倒"地反对，诉讼风险和退市传言阴霾笼罩，接盘人寥寥无几。可是，段永平却第一次"梭哈"了一把这只人人唯恐避之不及的"垃圾股"。他的胆识到底从何而来？玄机就藏在"价值投资者买股票，只与价值有关"这句话当中。

那么，段永平是如何思考当时网易的"价值"的呢？

首先，我们要考虑当时互联网泡沫这个大的时代背景。当时美国科技股股价的回落，也让股值在极短的时间内快速缩水，投资者对互联网概念股票的投资情绪也一再低迷。然而，市场的恐慌情绪完全没有扼住段永平的思考。他认为，当时虽然是互联网泡沫，但股价的低迷一定只是暂时的："互联网这个东西我们天天都在用，怎么可能是泡沫呢？"后来的事实也证明了泡沫消散后，互联网行业迎来了又一个"黄金十年"。

也正是基于对互联网长期价值的理解，从那以后段永平也开始逐渐关注国内的互联网优质企业，在和丁磊会面后，他对这个企业内在价值的判断轮廓也逐渐成型了。

第一，了解当时公司的财务情况之后，段永平发现网易的现状其实并没有市场预设得那么悲观，当时网易账面上趴着的现金有6000万元，负债只有1400万元，而它的市值却只有2000万元。也就是说，你持有它1元钱的股票，就意味着买到了超过1元钱的现金，这个投资怎么可能亏呢？

第二，光看现在还不够，网易未来的价值更是不容小觑。丁磊当时正大力进军的游戏行业，正好在段永平能力圈的射程范围内。做过"小霸王"游戏机的段永平发现，虽然不能具体估算未来的业绩，但当时自家的游戏业务每年就能做到数亿元的流水，网易未来即将涉足的游戏行业这门生意也就不会差。

就是这两个对网易价值的基本判断，让段永平即便穷尽手里所有的现金，也要下一次重手。

不过，故事到这里并没有结束，抄底成功了之后，他没有像大部分当时抄底的人一样草草卖出、落袋为安，因为他知道自己的这次投资并非"意外之财"，网易的价值还远没有充分反映在股价上。即便后来网易的股价涨到了100美金，他也一直忍住诱惑，就是因为他的焦点一直是公司的价值，而非账面上自己已经赚到的那个"数字"。

这也是他一直能拿住网易八九年时间的缘由，如果没有对公司价值的判断，很难有如此强的抗诱惑能力。那为什么最后段永平会卖出网易，且大部分的卖价都在120~130元的高位，是他向"诱惑"屈服了吗？

段永平并没有详细披露他卖出网易的原因，只提到了两点：第一，他觉得丁磊是个"大孩子"，公司管理层有一些他无法公开的原因，让他没有更多的理由，一直"押宝"在丁磊身上；第二，他找到了比网易更加优质的投资标的，比如说苹果，他为这笔钱找到了下一个去处。具体的内情我们不得而知，但有个结论是确定的，段永平卖出网易不是因为自己"已经赚到了钱"，而是他对网易的价值有了新的思考。

始于价值，终于价值，买卖同源。很多人对价值投资有误解，他们认为价值投资就是用来发现好公司的，可是他们一旦赚到了一点钱，就把"价值"这两个词抛在脑后了，情绪一直被股价的起伏所左右。要想做好价值投资，如何判断价值的智力因素很关键，但更关键的，还是如何坚守价值判断的标准、不为短期盈亏所干扰的非智力因素。

第二章

段永平的三大主义

　　好公司之所以冠以"好"的称号，并非从事后股价攀升所得到的结论，而是在于是否能够在每一个长期价值和短期亏损的历史关头，坚定地选择成为时间的朋友。而从投资者的视角来看，要能和"好公司"共富贵，享受百倍回报，不只是要我们在股价涨到无法企及的时候"锦上添花"，同样也要像段永平所说，面对"短期的亏损"时，坚定地选择站在长期价值的一边。

7. 长期主义：价值投资一定是长期投资

段永平曾如是说："投资就是开赌场，而投机是做赌客。"赌场的老板，注定不必承担赌博游戏的风险概率，只要赌客带着对金钱的贪欲坐上赌桌，老板便可以稳坐"钓鱼台"。在段永平的投资世界观中，之所以会把价值投资当成他唯一的挥杆模式，很大程度上是因为价值投资和"赌场"的运作模式完全吻合，投资者对公司的长期股价有着"十成"的把握，不用像赌客那样永远盯着短线，光是每天"安心愉快地睡觉"，便能完全独立于投机者的贪嗔痴，享受长期无风险的高额收益。

价值投资，信奉长期价值，一定是"稳赚不赔"的。然而很多价值投资界的高手，却偶尔会沾染上"赌客"的毛病。例如，美国有位知名的对冲基金投资人，名叫大卫·艾因霍恩（David Einhorn），他和段永平还有一个相同的身份——拍下巴菲特午餐的幸运儿。2003年，大卫·艾因霍恩以25.01万美元的价格，早段永平3年时间获得了与巴菲特面对面交流的机会。当时，他的身份是美国著名对冲基金绿光资本的创立者。

在投资的绝对收益上，大卫·艾因霍恩的成绩并不输巴菲特，从1996年创立绿光资本，到金融危机爆发的2007年，这期间，他的绿光资本获得了22%的年均回报率，从未出现过负收益。不过正是这样一位投资人，实践价值投资的同时，却以酷爱短线做空的风格为人所熟知。他成于做空，也败于做空。在2008年金融危机时，他靠押中破产的雷曼兄弟，豪赚了 10 亿美金；然而，在 2018 年做空奈飞公司和亚马逊时，他的基金却大举失利。

很无奈的是，大卫·艾因霍恩在 2022 年向媒体感叹道："价值投资的时代已经要过去了。"

段永平的"耐心长持"，并不是价值投资中的一句带有原教旨主义色彩的口号。我们不难发现，随着他投资的功夫越修越精，他对手头为数不多几家好公司的持有期反而越来越长。以段永平登上的第一座"处女峰"网易为例，从 2001 年逆势"抄底"，直到 2009 年后陆续清空，这段百倍回报投资的"长征"，经历了 9 年之久。在段永平价值投资"筑底"练功的头 5 年，他投资的万科和创维也没有出现过任何的"快进快出"。对于万科的股票，段永平更是做起了"甩手掌柜"，在给了它一个 100 元的目标价之后，便关上了所有股价的消息渠道，等了 4 年时间。

不过要说明一点，我们并不能根据股票的"持有期限"，机械地对是否符合价值投资下定论。有些投资者对价值投资的理念十分认同，他们看好公司的基本面，买进公司股票之前更是信心满满，他们坚信不久的将来，这只股票在市场上一定会有不俗的表现。可是一旦股票走势在低空盘旋几个月的时间，他们先前"长相厮守"的态度便会败给空头的猛烈攻势，甚至还会反过来质疑自己最开始对公司长期价值的判断。单看时间，他们的持有期的确不短，但时间越往后，他们对公司价值的态度，根本做不到顶级投资者的"安如磐石"。

还有的投机人士，也许无意间追涨了一只自己并不是很了解的公司，股票套牢时，他们无法承担仓位亏损带来的巨大心理落差，索性就对这家公司"选择性放弃"了，被动地开始"长期持有"，以"价值投资"的心态来安慰自己受伤的内心。不管若干年后，他们"长持"的公司是反弹还是退市，这种被动的价值投资，真的算是我们应该效仿的价值投资吗？

段永平十分反对这类"伪价值投资"的心态，在他看来，真正的价值投资，必然天生就要做到"长线持有"，可是"长线持有"与"价值投资"并不能画上等号。价值投资"长线持有"的前提，是"买对公司"。

"价值投资者会用长期投资的方法，但长期抱着一个股票并不一定就是价值投资。价值投资最重要的是买对公司，然后才可以长期持有。很多人把长期持有当成价值投资的唯一特性了，大错特错，千万别忘了前提。当然，你可能买的就是一个好公司，那就应该坚持下去（你自己要明白你为什么买）。所谓长期投资的意思就是短期有可能会亏钱的意思。"（2010-04-03，段永平的雪球账号）

买对好公司，并且能容忍短期的亏损，是价值投资成功的两个条件。"好公司"普遍具备"长期主义"的优秀基因，它们在建立之初，创始人会立下一个"长期愿景"，并拼尽全力挖凿出一条"护城河"，以建成"赌场"模式的竞争优势。然而，"建赌场"要历经九九八十一难，还要跨越数个商业周期。业绩低谷时，不仅股东要承担亏损，"好公司"的日子同样不好过。经济繁荣时，大谈理想的好公司遍地都是，而当业绩低迷时，有的"好公司"为了迎合资本市场，只能消极裁员、节省开支，为应对"寒冬"屡屡使出"权宜之计"。长期主义的价值信条，不只考验投资者，同样在考验投资者所投资的"好公司"。

这里要提的一家公司，是段永平多次表达过认同的"亚马逊"。虽然段永平不投资亚马逊的股票，但对贝索斯以及亚马逊"赌场"一般的商业模式，段永平不止一次拿来当过"典型教材"。1997年，亚马逊在美国上市，不过它却成为一家并不想讨好华尔街的异类。当年，贝索斯在致股东的信上留下了惊世骇俗的话："It's all about long term"（一切都将围绕长期价值展开）。他明确告诉自己的股东，不会为了"财报好看"而向公司的长期发展妥协，在"理想主义"和"现实主义"之间非要做个选择题，亚马逊一定会做时间的朋友。当时贝索斯十分艰辛，如果从未来几十年的发展趋势看，线上零售终究会把线下零售的市场份额慢慢挤干，形成一条庞大且不可撼动的"亚马逊河"。

如今来看，"亚马逊河"的流淌，给当初看好它的股东带来了不止百倍的收益。然而，构建护城河的过程中，亚马逊也免不了遭遇不止一次的"断流"。2001 年，互联网泡沫破裂席卷美国，亚马逊的股价从 107 美元跌至 7 美元，贝索斯曾经的豪言壮语在投资者真金白银的亏损面前，瞬间显得苍白无力。公司内部曾建议贝索斯"多挣钱，少花钱"，比方说，增加广告投放以增加收入，压缩电商品类以降低开支。然而，这些"权宜之计"统统被贝索斯否决。一次午餐时，他随手拿了一张餐巾纸，在这张纸上描画出了奠定"亚马逊河"根基的"增长飞轮"。

"增长飞轮"的内核，是亚马逊引以为豪的"用户体验"。在贝索斯看来，用户体验才是撬动亚马逊长期价值增长的开关，要把消费者在亚马逊上购买的用户体验打磨到极致，用户体验好了，不用投放广告，平台的流量也会自然增长，还能吸引更多卖家入驻平台，愿意以更低的优惠、更广的品类，在亚马逊上做生意，这样用户的体验反而会越来越好。所以，为了让消费者选择更广，他并没有压缩品类，更没有加投广告，以应对经济环境对亚马逊造成的冲击，而是继续在提升用户体验方面持续下重注。

在投资当中，有很多人都在大谈"长期主义"。究竟什么样的企业算是真正做到了"以长期价值为导向"的好公司？其实大部分时候并不好判断。有的人会从一些"显性标准"入手，认为长期主义的公司所在的行业应该是"长坡厚雪"的，或者公司的盈利状况等财务指标要十分稳健等。但是大部分时候，好公司背后的"内在品格"，对大部分投资人而言却并不那么容易辨别。

在段永平看来，这样的标准有很多。例如，他会从公司的健康度去评价一家公司的文化是否符合股东利益，他并不关心管理层眼中是否以"永争第一""赚钱为王"为目标，他更关心企业文化里有没有"利润之上的追求"，是否把好产品摆在第一位，把用户体验置于利润之前。

2022 年 5 月，雪球社交媒体上，有位粉丝向段永平"打探"一则关于 OPPO 或 vivo 上市融资的消息。当时智能手机的前景十分惨淡，不仅国内销量大盘创下新低，国内投资者对智能手机性价比的要求也越来越高。虽然 OPPO 和 vivo 用十多年时间打下了牢固的江山，但资本市场也难免担忧两家企业是否会缺钱，进而不得不走上用融资来补充现金流的道路。对于要不要上市，两家企业很少在公开场合放风，但作为活跃的"网红"，又是他们的创始元老，段永平难免时不时地会被问到上市的问题。不过，段永平给出了很明确的回答："步步高短期内不会上市。"而这个短期，段永平给出的时间限定是"10 年"。从他对"短期"跨度的定义，我们不难看出，他不太赞同这两家企业会把上市作为应对现金流下滑的"权宜之计"。

长期和短期的矛盾，本质上是要"当下"赚钱，还是"长久"赚钱。早在经营步步高时，段永平就曾旗帜鲜明地反对过"上市"。他认为，上市表面上是企业筹措资金的好手段，但背后的"代价"也是巨大的：一方面，新股东只考虑股价上涨，他们的涌入只会打乱步步高发展的既有节奏，公司反而会因为上市做出大量不符合消费者利益的举措；另一方面，员工要是手里有了股票，心思会都放在怎么炒股票身上，哪里还会把工夫放在企业身上。没有段永平的这番思考，也许就没有步步高今日在中国手机行业的地位。从围棋的角度来说，取"实地"固然有利，但"谋外势"才能赢下整盘棋局。

有人曾经这样评价过"阿段"，说他是个没有"时间感"的人。段永平之所以能做到"好股长持"，真正的秘诀在于四个字——"气场相投"。在投资一家公司时，段永平说自己经常用"拟人化"的方式去用心感受一家公司，如果他发现一家公司是急功近利、极其短视，凡事只考虑以赚钱为第一导向的，他会对这样的公司敬而远之。而段永平能比很多投资者更快地发掘好公司的价值，并且能够和他们一起"熬过"短期的不如意，除了他本人在商业上的经验外，更重要的原因其实是他本人就是一个以"长期价值"为驱动的经营者和投资者。

8. 集中主义：一旦认准了好篮子，就怕鸡蛋太多

集中持仓，一直是一种被视为"洪水猛兽"的投资风格。然而，段永平却用他的行动告诉所有人，"集中主义"不仅不可怕，甚至还是区分投资还是投机的一面"照妖镜"。

说到"持仓集中度"，段永平自称"我不是害怕集中，我不是一般集中"。我们大致回顾段永平的持仓经历，就可以了解到，2002 年6 月，段永平手头是能调集一些现金的，当时他看好网易，就把手里所能支配的所有现金砸在网易一家身上；2008 年，金融危机之后，一方面遍地都是便宜货，另一方面遍地哀鸿，谁都怕风险，段永平却不惧怕，仍然把所有赌注押在变数极大的通用电气身上。因而在 2012 年，段永平第一次向"粉丝"坦白自己的"重仓"风格，他说："我做企业这么多年，开始投资以来觉得自己搞得蛮懂的企业不超过 10 家，下重手的不超过 5 家，大概平均两年一家。"

到 2012 年之后，段永平"敢下重注"的风格越发"不知收敛"，在投资过茅台和苹果之后，段永平更是把"不是一般的集中"发挥到极致。用他的话说，一般情况下他一有钱就会投资苹果和茅台，有时候会投资一点腾讯或阿里，虽然比重不大，但可以看出他并不会"广撒网"。而像 Facebook 和特斯拉这些企业，段永平虽然也会偶尔卖"PUT"（看跌期权），且仓位极小，但更像是段永平的"小赌怡情"，严格来看并不能说明段永平未执行他所宣称的"集中主义"。

我们发现，段永平之所以信奉集中主义，与早年间深受巴菲特的影响有很大关系。他把巴菲特当作"参考系"，还开玩笑地说，"老

巴"这样一千亿美金规模的投资"专业户",也才投资了十几家公司。身为"个体户",为何要持有那么多公司呢?然而,单说"集中持股"的持仓风格,并不是一个价值投资领域中公认的信条,像彼得·林奇(Peter Lynch)这样的价值投资者正是以"绝对分散"的持仓风格,被很多其他投资者所认可,就连巴菲特本人在一次股东大会上也谈到了他与彼得·林奇的不同:"我和彼得的投资理念虽然有很多相同的地方,但也有很多不同的地方。彼得比我更喜欢多元化,他持有的股票比我能记住的都要多,可这就是彼得的投资方式。"

在分散持仓方面,价值投资也分为不同的流派。但在段永平看来,彼得·林奇的"绝对分散"和巴菲特的"绝对集中"相比,不只是光谱两极谁多谁少的区别,这背后其实更像"气宗与剑宗"的差别。"剑宗"彼得·林奇"鉴"术高超,是一个精于投资的人,但他"同时买1500只股票"的超强能力却让段永平十分惊诧;而"气宗"巴菲特与之相比,更多了一份自我克制的"内力",巴菲特不碰自己不懂的公司,只对自己看得一清二楚的公司下重注。"气宗"巴菲特的收益率虽然不是在任何时期都能称为价值投资门派的"掌门人",但他却是活得最久的投资人。他还曾经这样调侃分散持仓的拥趸们:"如果你有40个妻妾,那么你将不会了解她们中的任何一个。"

其实,"分散投资"的理念不无道理。投资学的基础理论中,有一个基本常识,那就是"不要把鸡蛋放在同一个篮子里"。很多科班出身的金融工作者,学习过最正统的西方金融学"资产定价模型",这个模型通过数学的方式验证了分散持仓、构建多元化的投资组合,能有效分散资产的风险。这个基本原则甚至上升成了监管对基金持仓的硬性要求——在公募基金监管的"双十规定"里就要求,基金经理们持有一家上市公司的股票不得超过基金资产净值的10%。可见,不管是学界、业界还是监管机构,都将"不要把鸡蛋放在同一个篮子里"的分散理念奉为金科玉律。

为何段永平并不相信"分散"的力量,反倒认为"一旦认准了好篮子,就怕鸡蛋太多"呢?

2012 年，段永平接受了《财经》杂志主持人的一次采访，明确了他对分散持仓的真实看法。他认为，我们在谈"分散投资"这个老生常谈的概念，并没有搞清楚它的适用范围。在段永平看来，"多元化投资"并不是一个投资的概念，而是理财的概念，用它来指导投资一定会"犯大错"。

多元化投资是一个伪命题。所谓"多元化投资"，指的是理财，它和投资是两种不同的游戏。理财是鸡蛋太多，放进不同的篮子里，通过盈亏平衡达到保值的目的。而对于投资而言，一旦认准了好的篮子，就不存在鸡蛋太多的问题。

分散投资的同义词，就是"被动投资"。理财的时候，我们把钱分摊在多种不同的标的里面，大势涨我们也能跟着赚到钱。这就像撒胡椒面，像大猩猩扔飞镖，只要你在这个市场里，哪怕你对投资的标的一无所知，也能赚到市场的平均收益。现在有很多人做指数基金定投，他们对投资的股票可以完全不懂，但只要市场有贝塔收益，结果也不会差。这个时候，分散的理念是奏效的。

但为什么投资不能分散呢？段永平认为，这种说法本身就存在逻辑漏洞。他说：什么是投资？就是我看好一家公司，笃定这家公司未来股价会上涨，那我应该把所有的钱投资进去才对，而且是有多少资金就拿出多少来。为什么还要把钱放到我认为没有那么好的其他资产上面呢？而为什么有人会愿意这样做？只有一种可能，那就是他看不明白这家公司，对它价值的判断，不能做到百分之百的笃定，才会用分散的方式去试图分摊由于"不确定性"带来的风险。所以，用段永平的话来说，就是"不集中代表你不明白"，分散就是在做投机。

所以，"集中"有一个重要的前置条件，它源自我对我想要投资的公司有充分的理解度，我能很笃定地判断，公司未来股价上涨是个确定性极强的必然事件。换个说法，即便是强制规定每个人同时只能持有一只股票，如果你看不懂你持有的公司，这和投机就没有什么区别。就像很多人，在市场上听到小道消息，就拿自己所有的钱去梭哈一只股票，即便他做到了"集中"，本质上也是在赌博。

但是，要想做到段永平口中的"集中"，现实当中谈何容易？很多人虽然表面上用"分散"安慰自己，说这个方式可以帮助规避风险，却丝毫没有察觉，这种持仓风格在另一个层面上却会"反噬"大部分人的收益。这就是段永平所说的"投得越多，赚得越少"。

为什么投得越多，风险没有规避多少，赚的钱反而被稀释了呢？原因还是藏在"对公司的理解度"当中。每个人的能力圈不同，能够搞明白的公司非常有限。如果你选择了分散的"作风"，从一开始就决定了你不会有那么多的时间和精力，去搞透、搞通一家公司。"搞不明白"的代价，自然就是赚几个点的收益便落袋为安，一有风吹草动就落荒而逃，即便赚到也只能是仨瓜俩枣，更不要谈什么"做时间的朋友，赚复利的价值"。捕到一个猎物，又去找另外一个"新猎物"，打一枪换一个地方，长此以往，就在这个"低效率陷阱"里难以翻身。

说到这里，我们也就大概明白了，为什么段永平对彼得·林奇的评价是"价值投机者"，充其量只是个"剑宗"的高手，算不上"无招胜有招"的真正高手。

彼得·林奇和一般的投资者相比，看公司、分析基本面的能力肯定是技高一筹，但他选择了和巴菲特截然不同的"分散持仓"的另一条路。他和一般投资者的区别就在于，普通投资者一旦投资的公司很多，对企业的理解度自然很差，但彼得·林奇即便"武功高强"，要想保持对企业的深刻理解，就注定要付出普通投资人难以达到的努力。

所以你可以看到，彼得·林奇的麦哲伦基金只做了十三年，还没到 50 岁就顶着满头白发提前退休了。而巴菲特已经九十岁高龄还依旧老当益壮，伯克希尔·哈撒韦（Berkshire Hathaway Corporation）[1] 更是常青不倒。

---

[1]伯克希尔·哈撒韦公司：由巴菲特创建于 1956 年，是一家主营保险业务，在其他许多领域也有商业活动的公司。其中最重要的业务是以直接的保险金和再保险金额为基础财产及灾害保险。伯克希尔·哈撒韦公司设有许多分公司，其中包括：GEICO 公司，是美国第六大汽车保险公司；General Re 公司，是世界上最大的四家再保险公司之一。

9. 满仓主义：满仓不是错，满错仓才是

段永平一直大胆号称自己是"从来没空仓过"的价值投资人，哪怕是他明知市场大跌时"账面会掉不少"，也从来不会"割肉止损"。

"满仓主义者"的段永平多次公开表示，自己多年的持仓习惯就是"在多数情况下都是接近满仓的，见到好股票、碰到好价格，就必须从别的地方倒腾现金过来"。比如，2022 年下半年，段永平在社交媒体上留言，声称自己"亏太多"，可后来还是曝光了自己会持续加仓茅台、苹果的计划。要知道，在这个时期，中、美两国的资本市场出现了大幅震荡。一来大洋彼岸的美国步入加息周期，受到俄乌局势、高通胀和疫情后经济低迷等多重因素叠加冲击，美国股市的"优等生"和在美上市的"中概股"股价都经历了不小的考验。而同时持有"苹茅腾"的段永平，却并未像市场上大部分交易者那样空仓观望。

不只是 2022 年，事实上，"满仓十年"是段永平自投资股市起就养成的一个不成文的习惯。"误打误撞"进入投资圈的段永平，从"出道"投资网易的第一天起，始终没有改变过自己爱满仓的习惯。比如，2002 年 4 月，在充分评估过网易的投资价值后，段永平几乎是一口气把自己能调动的 200 万美元现金全部一次性购买了网易，一度占到了网易总股本的 5.05%。自此以后，段永平持仓的"水位"一直很满。在中途，碰到了人人自危的 2008 年金融危机，段永平还是毅然决然押注通用电气公司的股票。不管是黑天鹅，还是灰犀牛，"满仓裸奔"

的段永平都把它们看作"纸老虎"。

所以"满仓主义者"一直是段永平做投资时一个"离经叛道"的标签。投资新手时常盲目地"满仓梭哈"，血亏的教训会让他们对"仓位控制"格外敏感；即便是浸泡在市场很久的"老股民"，要是对自己投资的公司缺乏十足的把握，满仓时同样会"如坐针毡"。而对于专业投资者而言，仓位管理是一个落实风控所难以避开的"技术活"，尤其对"代客理财"的基金经理来说，"满仓"意味着基金净值会随市场来回摆动，一旦仓位控制不佳，极易惨遭投资者赎回。可是段永平的投机工具箱里，根本没有具体的仓位管理技巧，他甚至还说"自己不会去算，也觉得那个东西不重要"。

究其原因，段永平的不惧满仓的果敢风格，与他向来"只用闲钱投资"有很大的关系，更离不开他"手里不喜欢拿现金"的投资偏好。段永平投资股市的资金，基本上来源于没有紧急用途的"闲钱"，同时段永平身边的朋友出于对他能力的信任，也会把他们的一部分财富交由段永平来打理。段永平在社交媒体上宣布自己重仓了某家公司时，还会特地提醒"我投资用的是闲钱"，也是提醒大家，他有能力承受公司一时的亏损，让那些想要靠抄段永平作业在短时间内赌一把的投资客打消"一夜暴富"的念头。所以，资金来源的长期性和灵活性，也给段永平能够长期满仓一家好公司提供了底气。

大部分时候，段永平并不想让自己的"闲钱"都闲下来，在他眼中，不管是个人还是公司，手里拿着太多现金并不是什么好事。"除非我找不到目标，不然不能理解留着现金干什么。"他很清楚通货膨胀的本质就是投资最小的机会成本，甚至他会把"跑赢通胀"看作自己投资目标势必达成的"底线"："（投资）不是抵抗通胀最好的办法之一，而是抵抗通胀最好的办法。"段永平还会把通胀率看作投资的最小机会成本，大部分投资都必须考虑回报的平均速度要超过通胀的速度。而持有现金对段永平来说是一种缺乏效率的手段，现金应该天然流向回报率更高的投资方式中。这就不难理解，为何每次手里有多余的"闲钱"时，段永平都会第一时间思考，持有什么样的公司，才会比持有现金更划算。

另一方面，段永平也发现，一家真正伟大的公司，也不应该"账上趴着大量的现金"。他在考量现金流好的公司时，会更加关注这家公司是否能更加有效率地给现金找到"好的归宿"。比如，早年投资网易期间，段永平曾与丁磊讨论过网易未来的战略，不过段永平最大的担心是公司是否还能维持高利润，他觉得网易最大的问题还是"账上现金太多，不知道怎么用"。把利润生成的现金放在银行，对他而言并不是"最优解"，这也和他坚持的"闲钱不该闲"有很大的关系。

但是，比起放在银行，段永平对企业有钱以后的担忧，还表现在企业因为有钱乱投资的情况。巴菲特说自己现金多的时候也是他最容易犯错的时候，而段永平也说，"满仓时我知道怎么办，但空仓时我就真不知道怎么办了。"这是因为他们都十分清楚，不管是个人还是企业，要是在自己不熟悉的地方做投资，最后的结果反而会比"存银行"更惨。所以，段永平之所以不敢重仓腾讯，甚至在 2022 年小仓位持仓腾讯后，2023 年宣布放弃考虑继续投资腾讯，很大一部分原因与他看不懂腾讯的财务投资为何总是"瞎布局"有很大关系。

相比之下，段永平更喜欢伯克希尔·哈撒韦和苹果公司处置自己账面上现金的方式：伯克希尔·哈撒韦喜欢回购自己公司的股票，而苹果公司会把自己公司的利润再投资于自己的商业模式。一方面避免了"现金放在银行里没有什么回报"，另一方面他们对自己的商业模式是自信的，也避开了投资自己不熟悉的领域的风险和占用的精力。

由此我们不难发现，段永平虽然相信"闲钱不能闲，钱必须要再生钱"，但他更在乎的是如何"让闲钱安全稳妥地再生钱"。最好的方式自然是"All in"或满仓，把那些短期不用的钱放到自己熟悉的、有稳妥的把握能产生丰厚利润的生意模式里。对于聪明的企业，发挥现金流作用最好的方式就是"满仓自己"，而对于投资者来说，则是"满仓自己看得懂的好公司"！

第三章

价值投资素养

在段永平看来："所有的高手都是敢为天下后的，只是做得比别人更好。敢为天下后，指的是产品类别，是因为你猜市场的需求往往很难，但是别人已经把需求明确了，你去满足这个需求，就更确定。"

10. 敢为天下后，后中要争先

"敢为天下先"是一条世人公认的成功之道，但是段永平却始终不承认这条公理。

上世纪末，段永平在接受媒体采访时，屡屡提到了他的一个成功经验——"敢为天下后"。不过他的这条"生意经"却令那个时代的很多人难以置信。那是一个人人渴望"吃螃蟹"的时代，段永平却反其道而行之。他从不主张蛮干快上，而是"先看看市场，再看看竞争对手"，当觉得自己有十足成功的把握时，才会举全公司之力进军某一个细分市场。

"敢为天下后"的法则，对风云变幻的股票市场来说，似乎并不适用。资本市场是个修罗场，投资更是讲究"谋先机"，谁能率先挖掘出价值洼地，更早布局建仓，谁就能最终收获更大的收益。不过，段永平是个习惯"慢半拍"的投资人，不会"抢先机"，更不喜欢追热点，他时不时还会给狂热的投资者"泼冷水"。近几年，元宇宙、碳中和、新能源汽车风口竞相出现时，段永平并没有被这些新赛道的"赚钱效应"所迷惑，始终保持自己的冷静思考。

这是因为在投资中，"敢为天下后"同样也是段永平奉行的一条基本原则。

在"豪赌下注"一家公司之前，段永平不会刻意抢拍。为了搞懂一家公司，他对一家公司的长期价值所投入的"思考量"要远远超过"抢拍型"投资者。比如，段永平第一次投资腾讯是在 2019 年，但是，从他接触腾讯，到下定决心购买，这个过程整整有十多年。在这段"冷静期"里，段永平接触过腾讯的高管，还到腾讯内部亲自参观拜访，他"触类旁通"，从投资网易和雅虎的经历中，不断思考腾讯的商业模式和游戏的生意有何过人之处。期间，腾讯出现了很多他想不明白的问题，但他仍然抱着一种"敢为人后"的态度，没有十足的把握绝对不盲目下重注。

段永平经营步步高时，就是一个爱"豪赌"的企业家。但每次豪赌前，他都会刻意提醒自己不要做第一个吃螃蟹的人。

在 20 世纪 90 年代，段永平把"敢为天下后"明确写进公司纲领。在"时间就是金钱、效率就是生命"的年代，对遍地开花的赚钱机会，段永平自始至终都把"风险"看得比"收益"更重。段永平一直主张，在进军一个新市场，开发一个新产品之前，千万不要为了抢占某种市场的先机，主动去做第一个"吃螃蟹的人"。在他看来，做行业先驱，和成为行业"先烈"没什么两样。

"作为'后来人'也要失去一些东西，例如市场先机的丢失。当产品在成长期时，由于选购者相对来说比较赶时髦，从消费学的角度说，他的消费者剩余比较高，愿意花比较高的价钱去买新东西。'后来人'失去了这个机会，也就失去了初期的高利润。当到了成长期的后期或成熟期的时候，企业所能获得的就是平均利润，不会有暴利的进账。如果你营销做得好，产品做得好，消费者认同你的话，相对来说会有一点点超额利润，但已经是很少的了。早期产品可能会有百分之几十的超额利润，但到了成熟期，这一超额利润就萎缩到百分之几了。"（摘录自《世界经理人文摘》对段永平的专访，2001 年 02 月 01 日）

段永平清醒地意识到，步步高作为一个在产品研发能力和综合人才储备方面仍有待提升的"初创企业"，与世界顶级大公司还存在差距。所以在选择要进军什么领域、开发什么产品前，段永平对"胜算"的考虑和推演比任何同行都要慎重。他眼观六路、耳听八方，"不仅要先看国外大企业在做什么产品，而且要看什么产品好卖，然后我再决定做什么", 就是为了谋得一个"最大成功概率"。在段永平的理念中, 步步高"生存"方面的优先级要远高于"发展"。这是因为, "打第一枪"不一定能打出优势, 成本反而会大过收益: 公司要承担打开消费者的"市场教育成本", 以及创新成果经不起市场验证的"试错成本", 更重要的, 还有因为产品不完善导致客户体验不佳的"口碑成本"。

同样, 在投资市场里, 段永平也发现, 如果对所投资的标的没有充分的理解度, 主动"打第一枪", 极有可能因为一知半解, 反而蒙受巨大的损失。在段永平的投资路上, 他也曾因太早出击, 缺乏审慎思考, 承受了本不该承受的代价。

其实, 段永平所谓的"敢为天下后"并不是他在商业上如此成功的充分条件, 一味跟在别人后面照猫画虎, 反倒会效果不佳。在"敢为天下后"这句话后, 还有一句"后中要争先", 却鲜少被人记住, 而这一句才是段永平成功的精髓所在。作为后来者, 如果只是单纯地模仿抄袭, 最终势必会落得"像我者死"的失败结局。如果不能因地制宜, 在填补消费市场空缺的同时, 推出有自身差异化的产品, 确保自己"先胜而后战", 这样的后发优势就根本不能称为"优势"。

"小霸王"本质上就是一个靠"后中要争先"被国人记住的例子。比如, 1991年"小霸王"游戏机在央视打了一则广告: 拥有一台"小霸王", 打出一个万元户。当时段永平为了宣传自己创办的"小霸王"而举办了"家用电子游戏机万元巨奖大赛", 不惜花重金拍下央视的黄金时段。段永平就是第一批靠着央视黄金段广告, 打造出国民品牌的尝鲜者, 更是最早在国内开创电子竞技比赛的人。但是, 很多人不知道的是, "小霸王"学习机的问世, 其实是段永平"敢为天下后"以及"后中要争先"的产物。

早在1989年, 任天堂(Nintendo)就已经推出了当时风靡全球的FC游戏机, 这款游戏机因为红白相间, 也被人们称为"红白机"。但流入国内市场的红白机, 当时的价格极其昂贵, 并不是一般家庭能够承受的。即便有人山寨模仿, 也始终没能形成大气候。当时, 段永平经过敏锐地观察，认定游戏机在中国市场一定有生存的土壤，只要产品做得扎实，并且在营销上能深入中国用户的内心，成为国民爆品的胜算很大。但是，如何让这款游戏机在国内"卖爆"，达到"后中争先"的效果呢？段永平给出的答案是：一定要在价格上极其友好，定位上要迎合父母望子成龙的心理。于是号称"能够帮助孩子启发智力"的"'小霸王'学习机"正式问世了。

在投资当中，段永平更是不追风口，不慕"创新"，不被所谓的噱头所蒙蔽，他甚至还会避开那些受人瞩目、估值虚高、靠"吃螃蟹"成为市场焦点的公司。对于"创新"，段永平一向眼光毒辣，他多次公开反对"为了创新而创新"。段永平观察到，不只是像步步高这样的初创企业，世界知名的大型企业虽然口口声声说"创新至上"，但是没有几个不是踩在别人肩膀上的。他发现，互联网公司当中，很多"行业第一"靠的并不是从 0 到 1 自主创新，例如微软从 Windows 到 Word，都是踩在别人验证过的市场上"调以重兵"才成为第一的；而 SONY 这样的企业，也因为"过度创新"，曾两度近乎破产。

我们回看段永平所投资过的企业，其中很多企业都兼具"敢为人后"的态度和"后中能争先"的能力。一个比较典型的例子就是苹果。有人认为，苹果是一家创新基因非常浓厚的公司，它在智能手机和 iPad 等产品上的成功，让大部分人误以为苹果才是智能手机真正的鼻祖。然而很多人不知道的是，智能手机的发明者并非苹果。早在 1993 年，IBM 公司就推出了一款名为 SIMON 的手机，它才是第一款世界公认的智能手机；而苹果恰恰是凭借其"后中争先"的能力，把智能手机推向了世界。

苹果 CEO 库克的发言里有这样一段话："苹果并不关心是否是做出新产品的第一人，我们可能是第二、第三，甚至第四、第五。我们并不会因此沮丧，因为我们会用更多时间做到最好。"苹果的"不关心是否是第一人"，正是段永平当年拿来要求步步高的"敢为天下后"，而"用更多的时间做到最好"，恰好也是段永平所说的"后中能争先"。

11."本分"就是"该干吗干吗，该是谁是谁"

段永平的投资原则里有这样一条：只投资上市公司，绝不碰非上市公司。除非是段永平十分信任的人，否则段永平很难为之破例。而极兔快递的创始人李杰，正是继拼多多的创始人黄峥之后，让段永平"破例"的创始人。

极兔是东南亚第二大快递公司，据说它创立时，正是靠着段永平的"天价风投"，才很快在东南亚稳住了阵脚。2020 年以后，极兔快递杀回国内快递市场。在"四通一达"盘踞、行业乾坤已定的国内快递市场中，这家公司却并不"本分"。刚进国内市场，极兔便开始高举高打。背靠同门师兄黄峥的拼多多，极兔快速稳住了单量，而后又大搞价格战，斥资 400 亿人民币补贴换市场，成了搅动友商的"鲶鱼"。用了不到 10 个月的时间，极兔日订单量迅速突破 2000 万单。

极兔创始人李杰和段永平有很大渊源，段永平表示过，他是李杰的投资人，可见段永平为他"破例"了。与其说段永平投资的是"极兔"，倒不如说投资的是李杰身上的"本分"底色。

创始人李杰于 1998 年加入江苏安徽步步高公司，2008 年做到了OPPO 苏皖地区的总经理。负责销售的他，据说年年都能拿到"销冠"。总部为了表彰他，还专门设立了"李杰奖"。2013 年，李杰主动请缨开拓印尼市场，用了两年时间，就让 OPPO 在印尼的销量排到第二。不管是普通的销售员，还是身在异国的"国际化斗士"，李杰总是能超额完成每个不同身份所赋予的使命。可以说，他深得段永平"本分主义"的真传。身居"低位"时的李杰，不管站什么岗，都能极致地"把事情做对"。他在极兔进军国内市场后看似"冒进"，但这些应有之举，段永平是认可且支持的。他"稳扎稳打""稳中求进"的特质完美演绎了段永平口中的"本分"。后来在极兔这家公司的价值观里有五个关键词——本分、分享、服务、责任、结果导向。位列第一的"本分"，正是段永平的企业管理思想中出现频率最高的一个词。极兔的"本分"，与"段永平时代"的步步高所倡导的"本分文化"是同宗同源的。

"本分"，段永平个人价值观中最经典的高频词，指的就是"做正确的事，把事情做对"。他说：

"本分，我个人的理解就是'做对的事情 + 把事情做对'。明知错的事情还去做就是不本分。本分是个检视自己的非常好的工具。

"本分，我的理解就是，不本分的事不做。所谓本分，其实主要指的是价值观和能力范围。赚多少钱不是我决定的，是市场给的。谋事在人，成事在天。如果你赚的是本分钱，你会睡得好。身体好会活得长，最后还是会赚到很多钱的。最重要的是，不本分赚钱的人其实不快乐。"

什么事情是正确的？该怎么把事情做对？道理和方法并不复杂。在李杰的身上，我们不难看到，每个人都有不同的角色和身份，"本分"就是要知道，如何在这些身份角色之下，想尽一切办法做到身份所"规定"的任务和使命。比如，身为子女，"本分"就是要孝敬父母；身为学生，"本分"就是好好读书；而作为一个企业的管理者，"本分"就是要做到不欺骗消费者，不卖假货，不偷税漏税，不侵占员工的利益。大部分时候，不做不该做的事，就等于做了正确的事。可往往这些看似浅显的道理，却并不容易做到。原因很简单，因为人们面对短期的诱惑，极其容易丧失"本位"，导致为了追求某些表面的好处而失去了平常心。

段永平认为，要保持"本分"，最难的就是如何分辨自己的行为是"出于利益"，还是"出于本该如此"。

在股票市场当中，很多人会认为，只有遵从尔虞我诈的丛林法则才能赚到钱。但段永平认为，在股市里赚钱，其实比其他地方更需要"本分"。

首先，价值投资，投资的是长期具备优质潜力的好公司，而这样的公司和管理人，必然是"靠本分赚钱的"。

其次，段永平一直认为，"不本分赚钱的人是不快乐的"。在他看来，遵守本分是有"隐形回报"的，而不遵守本分同样也有"隐形代价"。比如，为了节省成本，有的商家会以次充好；为了留存利润，很多企业会选择偷税漏税。这样的企业在"短跑"中虽然能占便宜，但结局往往会"聪明反被聪明误"。段永平强调的"本分"，正是"吃亏是福"的智慧。比如，有的企业对消费者讲求诚实守信，对上游供应商和代理商承诺"有福同享"，为社会主动解决就业，对待员工敢于分钱，在博弈中他们总是"吃亏"的一方，但从长远来看，这样的企业才能成为一家为人尊敬的好公司。

心甘情愿吃亏的段永平，享有的隐形回报也是丰盛的。他当年离开"小霸王"，并不是因为一己私利没被满足，而是公司没有按约履行给员工的股份承诺。段永平认为，在员工的问题上，管理人的"本分"就是让跟随自己的弟兄们"分到钱，吃到肉"。为了做到"本分"，他必须要放弃成就过自己的"小霸王"。但是，他同时也收获了许多。他履行对员工的承诺，让当时他手下的得力干将对他无比信服，他们深知段永平是一个值得跟的好老板，日后跟随段永平的六个人，也的确为他续写了步步高的辉煌。

不过，要做到真正的"本分"，有时不只是看一个人的行为，而更在意一个人的本心。段永平也提醒，不能为了所谓的"隐形回报"，刻意扮演"本分"的行为，这不是真正的本分。段永平曾经用"有借有还，再借不难"打过这样一个比方，他说"有借有还"是本分，但如果为了"再借不难"才"有借有还"，这不是"本分"，而是"功利"。

"段永平的本分"是极其纯粹的，不为了"隐形回报"去刻意扮演，不为了"功利"去乐善好施。他向巨星施瓦辛格赔付巨额违约金的事件，就是最好的证明。2000 年，在段永平即将离开步步高的前夕，当时为了打开国际市场，扩大步步高 DVD 的产品影响力，深谙营销之道的段永平掏出 250 万美金，邀请国际巨星施瓦辛格为其产品代言。段永平原本的计划是拍一条施瓦辛格用步步高 DVD 看他拍的电影的"创意广告"，在央视播两年。然而万万没想到，这招"妙棋"却意外变成了一招"臭棋"。这条广告在央视播放不到两个月，在国内就引起了轩然大波。因为国人不满黄金时段被一个外国人整天"刷脸"，所以央视每天都会收到关于步步高广告的投诉信，考虑到舆情和国际政治等因素，这条广告最终不得不被下架。

这样的"不可抗力"导致合作终止的结果，当然是双方都不愿看到的，双方因为广告下架的事还发生过不愉快。这笔广告拍摄费原本是计划分两次付款的，段永平一开始想的是既然广告被撤，自己也是损失方，所以想和施瓦辛格一方协商能否不付尾款，但对方并不买账。双方经过多次谈判后，同意协议价降价 60 万美元。然而，让所有人想不到的一幕发生了——段永平在落笔签字前，决定还是按照合同的全价支付剩余尾款。

其实，段永平即便不付这笔尾款，于情于理于法都有解释的余地，然而面对这道选择题：是为企业挽回部分的损失，还是对大洋彼岸一个未来不会打交道的明星，仍然坚守不背信弃义的"本分"？段永平经历一番艰难的思想斗争之后，还是毅然决然选择了后者。

所以，段永平是知行合一的，"本分"提供的指导路线是直接简单的，但"吃亏"的代价往往也是残酷的，尤其要付出真金白银还能坚守原则之人，乃非常人。

12. 欲速则不达，保持平常心

"人能常清静，天地悉皆归。"这句话来自《清静经》，是段永平非常喜欢的一句话。

段永平说："一个人如果能够常清静，天地的力量就会回到你的生命上。"而"常修清静"也是段永平在投资当中经常要修炼的一个功课。比如，段永平的儿子十分不理解，为何自己的父亲很喜欢坐在电脑前打游戏。段永平告诉儿子：爸爸是在"工作"。对段永平来说，打游戏其实是他"修清净"的一个练习。投资网易的这些年，网易股价不止一次突破前高，段永平深知它的价值仍不止于此，为了克服出手的冲动，他会经常借助打游戏的方式保持理性，提醒自己网易还能再涨。

"修清静"正是段永平常提起的"平常心"。

1999 年段永平决定从步步高隐退时，把公司打下的"江山"托付给了自己最信赖的三个得意门生：步步高的现任 CEO 金志江，OPPO 的创始人陈明永和 vivo 的创始人沈炜。"带头大哥"去意已决，面对前人栽下的参天大树，三人内心多少还是有些惶恐。不过，临走之前，段永平向日后这三位中国手机界的传奇人物撂下一句话："干好了分钱，干不好关门，别有负担。"

彼时的段永平并不担心他们三人管理企业的能力，但他唯一害怕的是他们"失去平常心"。如果段永平对公司的管理介入太多，或者给他们太多"守江山"的压力，他们可能无法放开手脚，反而会"欲速则不达"。早在步步高时，段永平就在公司多次强调要"有意控速"。他打过这样一个比方：在高速公路上开车，你的速度是由你的车况决定的，你的目的是安全抵达目的地，而不是快速抵达，如果不顾实际情况一味求快，就很可能会出现危险。这种"一味求快"和"求胜心切"的"不平常心"，是平常人都有的。为了避免"失速"，段永平还特意把"平常心"写进了公司的价值观。关于平常心，段永平给出了如下的解释：

"平常心其实就是在任何时候，尤其是在有诱惑的时候，能够排除所有外界的干扰，回到事物的本质（原点），辨别事情的是非与对错，知道什么是对的事情。"（2016-10-12，段永平的网易博客）

"我的理解，我们的本分指的就是原点，平常心就是回到原点思考的心态。"（2013-09-29，段永平的雪球账号）

在段永平看来，"本分"和"平常心"是相辅相成的。做什么是对的，该怎么做才是对的，这是本分早已规定的。但是"平常心"则主张我们要主动地"时时勤拂拭，莫使有尘埃"，在有外界干扰的情况下，常修清净，重新回到本质去思考怎么做才是理性的。

每个人都是平常人，但偶尔"失常"，确是平常人的常态。段永平曾经告诉大家，他也是一个"平常人"，也常常有不平常心，但是他和一般人不一样的地方，就是会时常提醒自己要保持清静心，不要被无端的"妄念"所左右，妨碍了对事情的判断。每个人都是有欲望的凡人，面对诱惑时，多巴胺会诱导我们过度自信；在压力面前，我们的杏仁核会启动，面对困难难免悲观沮丧；当对事情的结果有不合理的期待，或者遇到突发状况时，容易偏离事物发展的"实相"想问题，违背客观规律去做事情。

段永平在商海中浮沉，但他不管是顺境还是逆境，总会反复提醒公司上下，失败和挫折是一件再正常不过的事情，"任何事物的发展都是一个渐进的过程"，不要被前进路上的一点点曲折所打败。他不会因为自己过去取得过什么样的成绩而武断自信，也不会因为前方的不确定而对失败过度恐惧，用段永平的话来说："每当我们进入一个市场，我们是有'平常心'的，我们看到机会，但同时也看到风险。所以，对于我们来说，失败了也就是一个产品、计划的失败而已。对我们并没有产生根本的影响。"

段永平的"平常心"理念到底是从什么时候开始萌芽的？回首他的人生经历，我们会发现，他拿到手里的"开局牌"并不好。1989年，怡华集团的总经理看中了这个年仅29岁的名校高才生，任命他为旗下日华电子厂的厂长。然而，段永平接手的却是工厂年亏损200万元的烂摊子。而此时年轻力壮的段永平并没有被眼前的惨状所吓倒，而是回到问题的本原，潜心思考这家工厂究竟生产什么产品才能快速实现扭亏为盈。当时，日华电子厂的厂长为了维持生存，已经转行从事"来钱快"的贸易行业。但段永平并没有安于现状，这时他注意到了"红白机"的机会，这才有了"小霸王"。

同样，当年段永平出走"小霸王"，原本准备趁着竞业禁止期间休养一段时间，伺机再战。然而，愿意追随段永平的前员工和合作商排成了长队，不想辜负他们期待的段永平，选择了再次出山。面对同样一穷二白的局面，段永平没有懈怠，继续保持"平常心"，从能避开之前竞业条款约束的学生电脑入手，打响了步步高的品牌之战。有人说，段永平身上有一种"折戟沉沙"的锐气，但这并不能代表真实的段永平。

有人说，一家企业时刻保持斗志昂扬、锐意进取的态度，对公司的发展不是一件好事吗？段永平总在说"平常心""慢发展"，企业要是太"佛系"，前进的步伐停滞了怎么办？其实，这是我们对"平常心"的一种偏颇的认识。段永平认为，所谓的"平常心"并不排斥"进取心"；相反，平常心是包括进取心的。

"'胸无大志'指的是要一心一意做好该做的事而不是好高骛远。'胸无大志'和'志存高远'并不矛盾。就企业而言，'胸无大志'

多用在'如何把事情做对'上面，而'志存高远'则指的是'愿景'。"
（2011-03-27，段永平的雪球账号）

　　不管是个人想要成就一番伟业，还是企业需要持续的价值增长，愿景和追求是需要拿捏分寸的，多一寸可能就是"好大喜功"，少一分则成了"不思进取"。而平常心正是"中道"，不冒进，不保守，仰望星空的同时也要脚踏实地，专注于眼下，把正确的事情做对。

13. 用一块钱买两块的东西，不叫冒险叫理性

纵观段永平的实业和投资生涯，他一直以保守主义和冒险主义的"两副面孔"示人。

早在上世纪90年代，"保守"成了段永平难以撕下的标签，不管是业界还是公司内部，提起段永平时，他身上的客观、谨慎和务实的一面总会让人十分敬仰，甚至畏惧。

90年代国内的手机市场，高端机被国外垄断，低端机山寨横行，这时步步高上下都在思考是否应该进军手机业务。作为掌舵者，段永平对未来手机市场的前景却没有一丝兴奋和激动，他第一直觉想到的反而是进军手机行业的风险。一开始他认为，"手机是家电产品，差异化会越来越小，而我们的竞争对手又太强"。不过，段永平没有搞"一言堂"，他认真听取了管理层的意见。当时的管理层认为，手机市场用户体量庞大，作为生产商，哪怕差异化只做到了1%，也是一个很大的数量。段永平这才改变了当初的想法。

步步高的管理层，其实早已习惯了爱"唱反调"的段永平。段永平历来反对大干快上、贪多求全，因此"没有十足的把握和胜算"，哪怕表面上再赚钱，段永平也会和管理层反复来回论证。和当时很多华人企业家相比，段永平实属罕见的"保守派"。

然而，段永平本人却说，"我不认为我保守"。的确，从外界对段永平经商的解读上看，他的举动更像是冒险家。比如，1996年，段

永平曾豪掷 1.8 亿元抢下了央视标王，是中国最早一批靠造势传播打造全民爆款的企业家；此外，为了触达原汁原味的价值投资，他更是不惜花重金，打破巴菲特午餐拍卖价格的最高纪录。在投资中，他同样上演了"不动则已，动则雷霆万钧"，最早投资的企业，不论是网易还是 Uhal，当时统统都是深陷危机的企业。事后回忆时，段永平只是轻描淡写地说了一句："我只是投资了一些我'看得懂'的企业而已。"

其实，不管是用"保守"还是"冒进"形容段永平，都是有失偏颇的。通过这些非黑即白的标签，我们很难捕捉到段永平的行事逻辑。段永平决策艺术的高明之处在于，他始终在保守和冒险之间，寻求一个完美的黄金分割比。他在"谋的阶段"，讲究的是做事要留有余地，绝对不会盲目去冒不该冒的风险，所以会表现出机制的保守和理性务实的一面。而一旦敲定方向和做法，他便不再瞻前顾后、畏首畏尾，而是"该出手时就出手"，于是有了在常人眼里，他看起来总是在下大胆冒进的"险棋"。对他来说，保守是为了"不冒不该冒的风险"，冒险则是"只承担能承担的风险"，这正是段永平在投资和创业中严格奉行的"理性法则"。

理性是什么？在段永平看来，就好比"用一块钱买两块钱的东西"。要做到"理性"，前提便是要严格地量化计算和真实调研，对事物未来的发展作出判断和预测。换句话说，理性的前提是"看得懂，算清账"，要知道想买的东西是否值"两块钱"。

在步步高时，"做好调研算好账"是段永平落实任何举措之前必不可少的一个阶段，也是他"把事情做对"的一个良好习惯。比如，在央视广告投标之前，他多次权衡过，究竟是该投资地方台还是中央台？除了算投放成本，他还考虑到了时间成本。他认为，"如果仅投放地方台而不投放中央台，很多年都很难建立一个整体的、有实力的形象，消费者对产品的认同感会相对落后，广告成本加上时间成本很不划算。"为此，他还让公司广告部充分做好调研，同时对于"该投什么频道""该在什么时间投""该怎么选择广告位"等细节方案，他更是力求尽善尽美，保证最好的投放效果。

这种调研和算账并重的思维，对他日后在价值投资领域的成功也至关重要。他认为，价值投资中，看懂一家企业的未来现金流的状况，正是"把事情做对"最重要的一环。在他看来，投资做的正是"两块钱的东西，一块钱卖给你的生意"。如果投资者连一家企业是否值两块钱都不知道，在股票价格下跌时，一定会感到恐慌和害怕。所以，经常有人问段永平，为何他在投资中比一般人表现得"内心强大"？段永平的回答是：投资不需要勇气，需要的是理性，投机才需要勇气。这里的理性，正是因为他是用"一块钱买两块钱的东西"。

人生中，有大量必须要用到理性的地方，也有不能用理性的东西。在他看来，理性的好处是可以量化，只要账算清，事情的好坏对错很容易分清，决策也能一目了然。但是，"不能啥都要理性的"，最好的方式应该是"该理性的时候理性，该感性的时候感性"。比如，家庭、爱情以及婚姻，用理性反倒会把问题复杂化。而对于投资和经营企业，段永平则认为必须且只能用"理性"的原则来处理。因此，段永平投资时理性也是他的铁律，每次重大决策或者所持有的公司发生变故时，他都会时刻检查自己是否做到了谨慎和理性。

"'理性'地面对市场每天的波动，仔细地检查每一个自己的投资理由及其变化是非常重要的。"（2010-05-25，段永平的网易博客）

"价值投资里，最重要的一点就是'理性'，能够理性地看待面临的一切，就更有机会分清对错。"（2019-09-25，段永平的雪球账号）

"很重要的一点，你能把上市公司看成非上市公司，然后理性地去想该怎么做。"（2012-11-11，段永平的雪球账号）

在段永平看来，查理·芒格（Charlie Munger）所说的"理性"，正是他时常提及的"平常心"。在很多人看来，投资中要保持理性，就是要坚持量化思考，学会控制交易时的情绪；但在段永平看来，"理性"不止于此，理性之所以知易行难，是因为我们不会克制自己的"不平常心"。

大部分人之所以冒进和投机，是因为他们买股票一开始就有"不合理的期待"。2023 年 2 月 16 日，查理·芒格在出席 Daily Journey 的股东大会时，说过这样一句话："人类文明对我们的要求本就不高，要对自己和他人作出切合实际的期望。"芒格时常强调：做投资最重要的一点，是"降低自己的预期"。

对于投资的结果，段永平其实从一开始就没有预设很高的期待。在接受采访时，他曾说："我在投资当中挣到的钱，是我在实业当中的 10 倍。"这让很多人误以为，对于做好投资这件事，段永平曾经一定发过大愿，立下过大目标。然而，他却多次澄清，并没有把投资这件事看得很重。相反，关于投资，他说得最多的一点就是必须要用平常心。他说："老有人说投资改变了我的一生，这个说法其实完全不着边际，因为投资没有改变我任何东西，但我确实找到了一件很有趣的事情做而已。"

而市场时刻都在波动，各种突发事件此起彼伏，要保持"平常心"，从事物的本原思考问题，对任何投资者来说都是挑战。

段永平观察到一种现象：明明是一只有价值的股票，但有的人总怕抄底之后持续下跌。因此，股市中常有"不要接飞刀"（Don't catch a falling knife）的说法。其实，大部人对"接飞刀"存有恐惧，或者害怕过去涨太高，现在买未来涨不上去，这些都是"心理障碍"，都是一种面对市场未来不确定性所滋生的"不理性"。即便是段永平，同样也有被市场的非理性情绪扰乱心神的时候。每当容易产生杂念之时，他总在不断提醒自己，要把每一次交易当作一次独立的交易，要保持空杯，常修"平常心"。

比如，段永平自己会用一种"外星人"或"冬眠蛇"的方法，调试自己的心态。

"前面买得低，再买就容易有心理障碍了。最重要的还是'理性'吧！假设你今天刚刚结束冬眠，起来看看有啥股票可以买，然后再决定。卖的时候也差不多这感觉。"（2012-01-30，段永平的雪球账号）

"个人认为在买股票的任何时候，总是应该假设自己刚刚从外星来到地球，然后用平常心来看这个股票该不该在这个价钱买，包括接飞刀的时候。"（2013-02-01，段永平的雪球账号）

不管是"外星人"还是"冬眠蛇"，段永平始终相信，不要让对过去的懊悔和恐惧成为阻碍当下理性判断的理由，更不要让对未来的担忧和不确定感阻碍了我们对一家企业长期价值的判断。只有真正保持空杯和理性，才能和巴菲特一样，"在别人贪婪的时候恐惧，在别人恐惧的时候贪婪"。

14. 球要一杆杆地打，每一杆都必须专注认真

段永平是一个忠实的高尔夫球爱好者。他在美国闲暇无事时，会到绿茵场上呼吸呼吸新鲜空气，约三两好友打打球。段永平的高尔夫球打得虽说不是职业水平，但退休后长期浸泡在球场上训练的他，早已是自己的球友圈里小有名气的"高手"。

段永平曾无意间透露自己打高尔夫的"成绩"。有一次，他约了圈中一位好友打球，双方约定好，如果输球就要给对方钱。段永平说，他的"对手"是个不服输的人，好胜心很强，每次为了赢，选择的挥杆动作常常不能驾驭自如，这导致几乎每次比赛都输给了段永平。段永平打球"胜率高"，一方面和他退休之后有大把时间下场训练有很大关系，另一方面是因为他摸到了打赢高尔夫的一个门道：

"（高尔夫）每次比赛的输赢是按总杆数计算的，所以只要打坏几个洞，总成绩就不好了。高尔夫的成绩实际上和别的选手成绩无关，只管打自己的球，但很多人还是会受到别的选手的表现影响。再好的球手也会犯错误，但好的球手犯错的概率低，很少连续犯错。"

只要避免犯错，就能跑赢大多数对手。每一杆都是独立的，不需要超常发挥，只需要保证专注当下每一杆球，总的成绩一定不会太差。所以，段永平常说："球是一杆杆打的，是一个洞一个洞打的，每一杆都必须认真专注。"这是段永平的"高尔夫哲学"，同样也是段永平的"高手哲学"。

段永平成为高手的第一个秘诀，叫作"天下无敌"。他所说的"天下无敌"，不是不把敌人当回事，更不是一种自我安慰，而是永远要知道，战胜自己才是成为高手的唯一途径。段永平喜欢高尔夫和围棋，它们是"双人游戏"。而投资和实业这样的"多人博杀"，段永平始终相信"眼里装着敌人"是极端危险的。每个人的一生，或多或少都置身在类似高尔夫球这样的一场场比赛当中。很多人好胜心切，会把眼光放在别人所取得的成绩上。盯住别人，自己容易失去"平常心"，犯错的概率反而会更大。

比如高尔夫球，讲求的是谁的球最先进洞谁就获胜，为了追求最少杆数，很多球手会使尽蛮力拿到胜局。他们经常采用很多冒险的击球动作，这其实就是段永平最常说的"失去了平常心"。段永平给公司定目标时，几乎很少会听到他把某家公司当作"竞争对手"，甚至不会把"行业第一"的口号挂在嘴边，他向员工强调最多的，是"做企业最大的对手永远是自己"，是要做实做细步步高的基本功。

段永平作为高手的第二个秘诀，叫作"杆杆进洞"。段永平说："高手和低手的差别，不是你能打出多少好球，而是你的错误率低。"他始终相信，高成功率不是"结果"，而在于高手都会刻意地控制自己的"失败率"。高手并不是不会犯错，而是在反复的磨炼当中，降低自己犯错误的概率。拉长时间线来看，高手犯错误的概率是要明显比一般选手低的。真正的高手，不在乎"一手棋""一杆球"能否明显超越对手，他在乎的是不管在任何局面下，都能做到"招招制敌""杆杆进洞"。

如何达到这样"杆杆进洞"的效果呢？只有一条路，那就是曾国藩式的"结硬寨、打呆仗"。"对手是自己"，意味着我们要在任何领域做到顶尖，唯一的一条路就是专注在自己的基本功之上。你看到别人的"百发百中""弹无虚发"，只是因为在大家都看得到的事情上，高手真的去做了而已。2004 年，《赢周刊》的记者向段永平提出一个问题：该如何练就一身过硬的基本功？那一年世界冠军邓亚萍成婚，段永平便用邓亚萍打了一个比方，说人人都可以成为邓亚萍，她不就是练了 10 年吗？只要一天不练，水平就会下降一点，她就不能常胜。由此可见，高手的"高胜率"是"日复一日，年复一年"反复磨炼基本功的必然结果。

转型投资之后，段永平清楚地知道，理解价值投资不等于就能在股市上赚到钱，就像知道要"做对的事情"的人不一定具备"把事情做对"的能力一样。"把事情做对"需要有很多年的辛苦积累，不是看一两本书或者关注几个"高手"的博客就能学会的。

在投资中，段永平非常反对用一年的回报率去定义一个人的投资水平高低。他认为股票市场上"打出好球"的牛人大有人在，有的人每年能产生 40% 或 50% 的收益，但这些人就真的是投资的"高手"吗？段永平甚至还把这些人比作刚进入赌场的赌客，他们以为自己真的学会了赌技，很快就要发家致富了，但只要不离开赌桌，亏钱基本上是定局。很多人经常喜欢把巴菲特当年的投资回报率，与当时市场上其他基金的年回报率相比较，认为巴菲特"跑输市场"了，但很少有人"看长跑不看短跑"。他们不知道，"高手"并不是"当时闹得欢"的那批人，而是很少犯大错的"常胜将军"。

那么，要如何才能成为一个"错误率低"的"常胜将军"呢？在段永平看来，真正阻碍人成为高手的原因，往往是很多人在比赛中，总把别人当作对手，把关注的焦点放在别人身上。我们在炒股时，很多人买卖股票，总喜欢盯着市场看，关注别人是怎么给一只股票定价的，尽管股票市场就是一个"多人局"，但很少有人会关注自己是否看懂了所投资的公司有多大的长期价值。

15. 集中优势兵力，歼灭敌人

从 1995 年到 2000 年，步步高用了五年时间，让这家企业从佛山的小镇上走出来，一步步被写入中国商业的教科书里。"段永平时代"的步步高距今已经 20 多年了，但回过头看，我们会发现，但凡是步步高进军的产品，不管是学习机、游戏机等当时的"创新品类"，还是已有很多竞争对手的 VCD、DVD 等"红海品类"，步步高最后都能成为该类目的领导品牌。

当时提到"步步高"，市场上甚至有种"其所到之处，寸草不生"的错觉。为何步步高在起点不高的条件下，还能在所涉及的品类当中快速决胜？这离不开段永平经常说的一种策略——集中优势兵力，歼灭敌人。

"集中优势兵力，歼灭敌人"是段永平做步步高时的一句口头禅。开国领袖毛泽东同志在经典军事著作《十大军事原则》中提出，所谓的"集中优势兵力原则"，指的就是要"每场战斗要集中绝对的优势兵力，两倍、三倍、四倍，有时甚至是五倍或六倍于敌人的兵力，从四面包围敌人，力求全部歼灭敌人，坚决打歼灭战，不使一个敌人漏网"。在毛泽东同志看来，军事战役要获得持续性的胜利，作战前必须要确保有"占据绝对的优势"，不能以卵击石，更不能试图"以弱胜强"，而是要在有绝对胜算的条件下作战。

很多人只看到了步步高的成功，但忽略了一个事实：步步高发展之初，资源和条件并不充裕。可以说，段永平带领员工开拓市场的五年时间里，步步高一直都在"戴着镣铐跳舞"。

从"小霸王"毅然决然"裸辞"后，脱下前东家"手铐"的段永平虽然干劲十足，但摆在他面前的却是另外一副"脚镣"。创业初期，资金严重不足，为了节省租金，他携六名步步高的元老来到荒芜偏僻的长安镇，满是建筑废渣的荒地上，似乎一点也看不到"步步高升"的希望和憧憬；而公司的办公场地就设在车间板房，比起如日中天的"小霸王"的办公环境，这里条件简陋，让人不禁联想到当年毛泽东同志创业打天下的驻地井冈山。而当时公司的业务发展环境也并不好，段永平擅长的电子科技制造业，国外巨头林立，国内厂家更是虎视眈眈。当时 VCD 行业已有很多国际大品牌，如索尼、乐声、三星，而且还有很多国内家电的大品牌，包括海尔、长虹、联想、TCL、康佳等。

段永平很清醒地意识到，步步高的实力十分"弱小"，没有足够的抗风险能力，如果刚开始就杀入强者如林的成熟市场，直接和大公司硬碰硬，那么别人一定会用优于自身百倍的"兵力"把步步高绞杀在萌芽状态。面对这个局面，段永平坚持用"平常心"思考怎么做才是正确的，于是他提出了一条"鸡肋原则"：

"我们做的产品都是国际大公司食之无味、不想做的东西，好比是它的鸡肋。用拳头打跳蚤，它犯不着。但我们在这方面却有优势，能够做得比他们强。如果我们非得去做国际大公司眼中'鸡腿'类的产品，抢这些大佬的饭碗，那么人家一定会跟你拼命，决一死战。这个时候，我们往往就容易被人打倒。这就是说，我们尽可能不要跟那些实力比我们强很多的人做直接竞争对手。"

"鸡肋原则"正是毛泽东同志当年用兵打仗的智慧所在，只有"集中优势兵力，打歼灭战"，不去和敌人正面硬刚，才能在自身力量尚处薄弱之时夺得最大的赢面。这就是段永平常说的"局部优势"，比如步步高和 SONY 这家企业在 DVD 市场同场竞技，这个市场太小，SONY 看不上，但步步高对 DVD 的各方面投入明显超过了 SONY，那么这个市场步步高就可以做，而且可以做得更好。所以，在步步高的蛰伏期，进军任何一个行业前，公司都会做严谨的"比较分析"。所谓的"比较分析"，指的是不仅要看这个市场的潜力大不大，竞争对手强不强，还要看自己是否具备与之匹敌的"局部优势"。一旦找到这样的产品，公司便会举上下之力，投入在当时最尖端的技术上，开发出最先进最优质的产品。

这就是"焦点法则"和"比较分析"的威力。"集中优势兵力"的突围战法后来也传承到段永平的弟子身上。就以 OPPO 和 vivo 手机为例，当时国内手机市场高端机型被苹果、华为等企业垄断，低端市场更是国内手机厂商的主打阵地。高端手机制造商很明显视中低端手机为"鸡肋"，而 OPPO 和 vivo 在新品开发能力上是有超过一众国产手机品牌的自信的。这样的"比较分析"做下来，OPPO 和 vivo 手机决定把作战的"焦点"集中在中低端这个细分市场。

毛泽东同志的作战思想"集中优势兵力，打好歼灭战"，被几十年后同样出生在井冈山附近的段永平运用得炉火纯青。在段永平看来，"集中优势兵力"就是要清醒地知道自己的"优势"在哪里，简单来说，就是要有"面对现实的勇气"。段永平打过这样一个比方：一个没受过教育的农村青年，进到城里的大公司，本来是在生产线工作的他，看到工程师都是白领，觉得不服气，说也想当白领，这显然是不现实的："你就是一个加工者的水平，你要面对现实。但是面对现实这个东西，是非常需要勇气的。"

当一个人有了勇气面对现实之后，要做的就是保持"平常心"，在能做的范围内做到最好。这就是段永平一直都在坚持的"二八法则"："一个企业家应将 80% 的精力放在 20% 的东西上，这 20% 的事情能给你带来 80% 的收益。"所以，后来步步高发展得有声有色之后，每周都有人登门拜访，给段永平推荐赚钱项目，别人给的资料他连看都不看便直接回绝。当时步步高的几大产品都在打基础的关键时期，无暇顾及其他。如果基本盘都没打扎实，再在其他项目上分心，步步高也难有现如今的"威名"。这正是"弱水三千，只取一瓢饮"的道理。

后来段永平在步步高的辉煌时期"落幕"，他独自一人转战投资，仍然没有忘记"二八法则"的座右铭。虽然当时段永平没有投资的背景，但看到巴菲特讲到"不要投资自己看不懂的东西"时，段永平的心中不禁泛起了"集中优势兵力"这句话的影子。段永平瞬间"秒懂"，原来做投资也是这个道理，企业的资源是有限的，人的智力和认知资源也是有限的。做步步高时自己坚决不碰那些主业范围之外的东西，那么，看企业投公司不也应该坚持"弱水三千，只取一瓢饮"的态度吗？

投资和做生意在段永平看来是同宗同源的，虽然投资者不需要像一个企业家那样把真金白银直接投向市场，但投资当中最重要的资源便是投资人个人的认知优势。在段永平看来，每个人的能力都是有限的，即便像巴菲特这样的投资人，在段永平眼里也会因为自己能力有限，绝不盲目扩展自己的能力圈。所以段永平后来的投资，对"不懂不投"的道理理解得比其他投资人更快也更深，我们没有看到段永平有什么"广撒网"式的持仓，甚至在他学习投资最开始的阶段，我们看到他真正买入的公司也极其有限。这其实都离不开早年间段永平对"集中优势兵力"的证悟。

第四章

不为清单

　　"不为"并非束手束脚，而是在对"不对的事情"的思考中，把企业战略、战术及企业资源从"不为"的领域逐步聚焦在"应为"之上的过程。坚持"不为"，在不为中思考，"应为"的答案会一点点浮现，这种思维习惯也反映在段永平的价值投资的信解受持之路上。

　　2007 年，段永平和巴菲特共进午餐之时，段永平问巴菲特的问题，便是他在投资当中曾经犯过哪些致命性的错误。段永平之所以盯着"他人之过"不放，正是因为他想了解巴菲特的"不为"，从而从"不为"之中参悟做好价值投资的方法。

16. 没人可以保证自己只做对的事情，所以需要"不为清单"

2018 年 9 月 30 日，段永平造访美国斯坦福大学，向华人学生做了一场毫无保留的分享。面积不大的讲堂里，这个往昔的"传奇人物"穿着一件简约的白色 POLO 衫，脚下踩着一双舒适运动鞋，像极了一位退休的"闲人"。在华人学生的眼中，他们虽然没有体会过段永平在"小霸王"和步步高时代的辉煌，但此时的段永平已然是赴美华人中在投资领域久负盛名的传奇人物。

这次分享的主题也十分有分量，名为"基业长青的秘诀"。在此之前，段永平已经很多年没有与公众面对面交流了。作为一个"江湖传说"，段永平的投资事业蒸蒸日上，投出了苹果、茅台等一家家令人称奇的企业。这次分享会也被看成是深度挖掘段永平投资方法的一次绝佳机会。

在这次分享会上，段永平提到最多的一个词，叫作 Stop-doing List，也是段永平最具个人特色的一个"心法"。Stop-doing List 有各种各样的翻译，诸如"止错清单""不做清单""不为清单"等，但虎嗅网在整理对话时所用的"不为清单"，是最接近段永平本意的。所谓"不为"，并非目空一切、清静无为，而是指"君子有所为，有所不为"。

我们知道，段永平不管涉足什么领域，首先思考的是如何"做对的事情，把事情做对"，而"不为清单"正是段永平思考如何"做对的事情"时，所用到的最重要的思维方式。段永平认为，我们很难一开始就知道做什么事情是最正确的，但是知道什么事情是"不正确的"往往却十分容易。而做正确的事情，通常是通过不做"不正确"的事情所表现出来的。而对各个"不为"事项的罗列，也就构成了"不为清单"。有时我们只要避开那些不正确的事情，也就意味着我们与"正确的事情"更近了一步。而"不为清单"本质上就是知道我们如何"做对事情"的指南针。

在经营步步高期间，段永平谦虚地认为，自己算不上一个合格的CEO，因为比起各项业务部门的管理者，他并不具备很强的"把事情做对"的能力，但作为步步高集团的掌舵人，他做成事最大的能力，却是通过立下长长的"不为清单"，确保步步高始终处在"做正确的事"的轨道上。

"不为"的第一步是确立"红线"。例如，步步高明确规定，不为了扩大业绩而专门增设"销售部"。不设销售部门，在很多人看来是难以想象的。像步步高这样的电子科技制造企业，一部分部门负责研发和生产，另一部分则专职负责销售，增强步步高的影响力本身是顺理成章的。

段永平"走一步，想三步，看十步"，他认为在公司体量还不成规模时，要是全部人的精力都以销售为导向，有朝一日公司业务做大了该怎么办？公司的重心永远是产品，产品好了，值得信任的经销商自然能留下来，以销售的盲目扩大来提升公司业绩，是完全不对的事。从此以后，公司的"不为清单"上便多了一条——"不设销售部"。不设销售部的步步高，其销售额并没有受到太大影响，反而得以把更多的精力都放在了严抓产品的质量上。同时，公司的经销商也没有减少，产品过硬的步步高在经销商的遴选上不再追求"量"，而更加注重那些志同道合、不会"玩票"的长期合作伙伴。正是靠着"不为"，步步高反而形成了自己的"飞轮效应"。由此可见，"红线"表面上看是一纸禁令，背后却是对于公司短期利益和长远收益深谋远虑的思考。

以"不为"确定什么"应为"，并不只是销售部这一项，步步高还有很多类似的"坚决不做"的硬规定。例如，为了不倒在资金链断裂的制造业企业的痼疾上，段永平坚持不拿银行的有息贷款，步步高一时成为电子制造业当中负债率最低，但也是活得最久的企业；为了不让企业的主要精力分散，段永平明确立下原则"不做代工"，放弃了当时很多主动找上门来的代工活计，这也让步步高有更多时间把产品推向极致。"不为"不仅是树立红线，在深入思考、解剖麻雀的过程中，段永平也逐渐确立了做正确的事的方向，以及把事情做对的方法。

那么普通人如何学习段永平的"不为之道"呢？段永平是这样回答的："不为清单"是一种思维方式，"不为"不代表我们不会犯错，不管你是"明知不可为而为之"还是"不知不可为而错为"，"不为清单"给我们最大的启示并不是拒绝前进、避免犯错，而是在知道自己犯错时一定要"知止"，也就是段永平常说的"犯错误时及时止损，任何代价都是最小的代价"。

"我想的都不是眼前。我是学无线电的，但我没有干这个，因为这不是我爱干的事。当年研究生毕业时找的工作说几年后能当处长，两年能分房子，鸡鸭鱼肉有得分。但是我没有兴趣，所以我离开了。后来去了佛山无线电八厂，当年这个只有几百人的公司招了100个本科生、50个研究生。大家都不满意，很多人都想走。结果，我离开两年后'小霸王'都做出来了，回去一看，那帮人基本都还在（只走了一个人）。很多人说'我没有找到更好的机会'，其实是他们没有停止做不对的事情的勇气。所以，stop doing 的意思就是发现错了就要马上停，不然两年后，可能还是待在那个不好的地方。我一直想的是长远的事情。很多人都是在眼前的利益上打转，他30年后还会在那儿打转。"

段永平并非完全不会犯错的圣贤，但他在"止错"的能力方面，的确做到了超乎普通人的果敢。不管是南下无线电八厂，发现环境并不适合自己发展，毅然放弃高薪岗位接下"小霸王"；还是他在经营步步高时，明明投入了数亿资金开发彩电产品，但最终发现彩电赛道的胜算渺茫，及时停止了此前的计划，都能看出他直面"错误"的态度。

17. 不赚人便宜，才能做到"双赢"

盖伊·斯皮尔（Guy Spier）是自称"巴菲特信徒"的美国著名投资人，他与段永平有一个共同的标签——都是成功拍下巴菲特慈善午餐的"幸运儿"。盖伊·斯皮尔还有另外一个幸运之处——受到巴菲特和芒格的启发，他在日后自己的投资过程中，会专门记录那些自己曾经踩过的坑，并且提炼出一张属于自己的长长的"不为清单"。后来盖伊·斯皮尔还专门把自己的"不为清单"编录成一本书，叫作《一个巴菲特信徒的 8 个投资原则》。

比如，他的清单里有这样一条"禁令"——不要讨论你当前的投资。这是因为，早年间盖伊·斯皮尔曾经接受了《价值投资家洞察》（Value Investor Insight）的采访，借此机会，他向公众大肆公开"唱多"手上持有的 EVCI 的股票。可是后来股价腰斩，为了在公众面前保持自己的权威，即便给他带来惨痛的损失，他也只能咬碎了牙继续持有。而后他的"不为清单"里便多了一条：千万不能在公开场合谈论自己的股票，否则"言论"必然会掣肘自己日后的持仓操作，给自己带来不必要的麻烦。

把自己犯过的错整理成指导自己的"不为清单"，时刻警示自己"不贰过"，不失为一种指导自己"做正确的事"的止损方法。不过，段永平投资时的"不为清单"，与盖伊·斯皮尔这类"复盘式清单"却有很大差别。比如，如果把"不为清单"看作做投资时的法律条文，段永平的"不为清单"的产生，更像是古罗马法律形成时期的"自然法"，我们不该做什么，并不依赖于对错误的总结，而是来自自然法则规定的常识和公理，这也就是"阿段"老生常谈的"本分"。例如，段永平说，既然知道"贷款"会给企业经营带来风险，导致资金循环不畅，一不小心就会让企业破产，这是"常识"，那么为什么要去为了盲目扩张大量举债呢？

段永平在并不算很短的投资"不为清单"里说过太多"不要"，但这些"不要"的背后，是一种大道至简的"本分"，比如：

·不要跑到自己的能力圈以外去做事。

·不要做空、不要加杠杆，不要投资自己看不懂的生意。

·不要走捷径，不要相信弯道超车，弯道超车是不开车和不坐车的人说的，总会被反超的。

·不要 1 年做 20 个决策；1 年做 20 个决策，不是价值投资。

段永平的投资"不为清单"，在流派选择上，避开了急功近利的投机和做空；在资金来源上，严格禁止自己通过"margin"（追加保证金，加杠杆）放大收益及风险，尽管各有侧重，但归根到底背后都是一个共同的"自然法"：投资当中，不该自己赚的钱不要赚，不赚人便宜。

价值投资，何尝不是一种"不赚人便宜"的钱。不论是盲目加杠杆或做空，还是投机自己一知半解的生意，本质上都是"赚人便宜"。然而贪小便宜迟早会吃大亏，用段永平的话来说，就是："常在河边走，哪能不湿鞋，湿一回鞋就湿一辈子，为什么要冒这个险？"而价值投资，赚的是你认知范围内合理的钱，既支持了公司长期的发展，又能陪伴公司享受公司长期增值的红利。这正是段永平常说的"不赚人便宜，才能实现双赢"。

段永平很清楚自己的"认知边界"，他一直相信"没有金刚钻，就不揽瓷器活"的道理。在自己的能力范围之内，段永平力求不犯错，"把事情做对"，该赚的钱一分也不会吝啬。但是有的钱就在眼前，而如果靠自己现有的能力赚不到，那么他也不会"羡慕"能赚到钱的人，更不会为赚不该赚的钱盲目逾矩。我们可以从段永平投资万科，看到他"不为"的品质。

万科是段永平为数不多投资的一家 A 股上市公司。2005 年，他开始以 3 元左右的成本价买入万科。据他本人描述，他在 2 年后以 15元的价格卖出获利，大致实现了 4 ~ 5 倍的投资回报，这个成绩对于接触投资才 5 年左右的段永平来说自然十分可观。但就在段永平卖出万科的几个月后，万科的股价却冲破 40 元大关，于 2007 年 11 月达到了 40.78 元的最高点。

要是一个普通股民，与股价高峰失之交臂，自然会捶胸顿足懊悔不已，但是段永平后来却回忆说，对这次"踩错点"的"失误"自己一点也不后悔。当时，段永平投资万科，一方面是因为此前万科股价一直被低估，属于少有的"烟蒂股"；另一方面，段永平对万科的掌舵人王石也知根知底，相信他一定会带领集团走出低谷。但是，当时段永平大部分时间在美国，由于时差等原因，他无法经常跟踪万科的走势。段永平想了一个"两全之策"，他先按照现金流折现的办法，计算出了他的"视野"内所能看到的万科的内在价值，并且认为万科的股价未来一定能达到。而这个股价便成了段永平的"止盈价"，只要未来股价触及这条线，段永平便会马上卖出，这样也不用劳心费力地每天关注股价的变化。

两年后，万科没有让段永平失望，它的股价如期达到段永平预期的每股 15 元。虽然比起最高价，段永平少赚了 2 倍，但是他坦然地认为，"以我当时的能力，我就只能看到万科值 15 块钱，后面也许有人能看到它值 40 块钱，但这个钱是他们该赚的。"站在 40 元的山峰，15元的时候便急着以"铜"的价格卖出，不失为一种遗憾，但是赚到自己能力范围内的钱，就是一种"金价"。

18. 懂投资的人不需要杠杆，不懂投资的人更不应该用杠杆！

芒格有个说法，叫作"只富一次"。不过在段永平看来，芒格应该是一个"富过一次半"的人。

20 世纪 70 年代，巴菲特"一辈子的伙伴"查理·芒格曾经用 margin（保证金）两年内亏掉大部分身价。谈到这件事情，段永平也曾说道："关于芒格的这次事件，在他的书里没有看到，他本人也没有说过，只知道芒格管理的合伙人基金在 1973 年亏 31.9%，1974 年亏 31.5%，两年亏损超过一半，还把一个最大的投资人吓跑了。"

自此之后，金融圈有了"只需要富一次"的说法。段永平在这件事上也有相同的观点，他曾说道："我见过有人靠融资从 200 万美金做到 20 亿美金，然后再差一点点就'一夜回到解放前'，苹果历史上大跌 40% 的事情发生过 10 次以上，只要你一直用杠杆，一定会碰到这一天。这个过程中的痛苦就不说了，只富一次很重要。"

被问到"如何获取成功路径"，芒格说："不要吸毒，不要乱穿马路，不要得艾滋病。"他还有个信条——"知道自己会死在哪里，就永远不要去那个地方"。段永平对芒格"从错误中学习"的思维方式一直格外欣赏，甚至推荐很多普通人去读芒格的《穷查理宝典》。

在加杠杆融资的这条投资之路上，段永平始终秉承的观点就是"反对"，这也是他"不为清单"里浓墨重彩的一笔。为什么他要反对呢？

段永平认为，加杠杆融资的主动权掌握在别人手里。自己主动"穿衣服"和别人买来衣服帮自己"穿"是两个概念。他曾经向一位想要加杠杆炒股的网友阐述过这样一个观点："如果你懂投资，你不需要用杠杆，因为你早晚会变富的；如果你不懂投资，你更不应该用杠杆，不然裸奔的将可能会是你。投资是件快乐的事情，用杠杆会让你睡不好觉的。"其中蕴含的逻辑和机制是什么样的？为什么会出其不意地"被裸奔"？实际上，杠杆融资是没有"华容道"[1]的，也就是没有赤壁之战的逃跑路线。你"打仗"打输了想跑？那不可能！你没有话语权。

对于内含的机制和逻辑，段永平说过："买股票用杠杆的情况下，股票是被抵押给券商的，当杠杆比例高到一定程度，一个大跌，券商就可能会把你股票卖掉还债。股市大跌是一定会发生的事情，而且总是在你没想到的时候。只要你一直在用杠杆，你一定会碰到这一天的，很可能会让你'一夜回到解放前'。"

2010 年《巴菲特致合伙人和股东的信》中有谈过对加杠杆借钱投资的观点："当杠杆为你借力时，你人生得意，你老婆觉得你的脸帅得放光，你邻居嫉妒得满眼放光；但玩杠杆是会上瘾的，你一旦尝到甜头就会欲罢不能。正如我们小学三年级学到的——但有些人在 2008 年学到——哪怕是再长的一串正数，乘以一个零的话，一切就归于乌有。历史告诉我们，杠杆是造零的大杀器，哪怕玩杠杆的人聪明绝顶。"结合两个人的一致观点可以理解为：出来混，迟早是要还的。

"投资大佬"Bill Hwang 是一名韩国裔股神，他旗下的 Archegos 从 2012 年的 2 亿美金，在短短 8 年时间里资产规模扩大到了 150 亿美金。在这背后，Bill Hwang 还有另一个称呼——"高杠杆玩家"。在一次操作中，Archegos 的基金经理 Bill Hwang 爆仓，直接导致超过

---

[1] 华容道：赤壁战争中曹军逃入华容县界后，向华容县城逃跑的路线。

800 亿美元头寸被清算，个人管理的 150 亿美元爆仓，创下了"人类历史上最大单日亏损"，甚至将野村控股、瑞士信贷等各大国际知名银行纷纷拖下水，成为一个以一己之力造成美股冲击波的金融人。这一事件也导致 Bill Hwang 成为史上最大保证金催缴惨案之一的主角。

厉害是攒出来的，道可学，术得深。做杠杆，就如同《功夫熊猫》中"there are no accidents"（意即"从来没有意外"）的金句一样。无论 2 亿美元到 150 亿美元后面增加了多少个零，一次事件就会令投资者遭遇"人生滑铁卢"，明知不可为而为之，势必会遭到反噬。或许有人会发问："为什么投资股票最好不要用杠杆，而做实业投资却大多数都会使用杠杆（贷款）？"

段永平也在这一点上进行了分享："margin 是特指用股票抵押借钱。用 margin 是很危险的，一个回调就会逼着你卖股票，有时候真的会逼着你裸奔的。而举债的概念不完全一样。长期低息的债券（比如五年或十年）只要不是比例过高，对有些企业是可以接受的。很多企业都有长期债券，大部分也能用好。但即便如此，也还是有企业会因此出问题。"也就是说，如果实业借贷有规划，没有问题，但抵押公司股票借贷用于公司经营或其他投资，特别是高比例抵押股权用于融资，一旦股票下跌，哪怕只下跌一次，对于公司都是致命的打击。

在这一点上，段永平最懂巴菲特，多次引用巴菲特的话，就是：NO MARGIN（不借钱）。

19. 做空有无限风险，一次错误就可能致命！

聪明的"商业选手"都以可视化利益为目标，去实现商业与投资的守恒。众人所能看到的是，段永平在与巴菲特吃完午餐之后，悟出了一条"人生准则"：君子有所为，有所不为。

关于投资，他给自己列的"不为清单"里，"不做空"便是占据"醒目"位置的一项。那么，为什么不做空？

世界头号投资玩家索罗斯，入市的常见手法就是做空。他曾经在1992年狙击英镑，打垮英国央行并迫使其退出欧洲汇率体系，以此狂揽10亿美元；1997年，攻入泰铢领域，引发东南亚金融危机；2012年，又西向"做空"日元，再次揽收10亿美元……这场长达多年的"货币投机"且"百空百胜"的成绩，停留在1997年"做空"香港，这一"过程"实为举世瞩目的经典案例。

投资仿佛就是在深海里游泳，有时海面（市场）看似平静无声，实则暗流涌动，谁都不知道会发生什么，直到潮水退去之后，才知道谁在裸泳。20世纪70年代至90年代，香港经济正处于高速发展期，以索罗斯为首的国际游资开始陆续买入港股，使港股从1996年的低点不断V形反转，"人为单边行情"直至突破新高。

随后，1997年索罗斯上演"正反两面人格"，一面推升股指稳定市场，自己抬自己的轿子；一面隐蔽开了大量空单，当恒生指数直逼16000点大关时，索罗斯高位出货，从高位准备上演"滑铁卢式"下跌，不料，受到港股严防死守，最终顶住抛售压力，索罗斯宣告失败。可以看出，之前索罗斯货币投机"百战百胜"案例，到"闪袭"香港投机套利失败的案例，验证了"成也萧何，败也萧何"。股海争端，从来都是弱肉强食，普通人一定要判断自己的承压能力处于哪个阶段，不要秉承投机心理挑起"做空争端"。

做空，在段永平看来也是一种投机，所有投机行为的背后，都"暗流涌动"。或许有人认为段永平"不为清单"中的"不做空"属于骇人听闻，过度夸大，那可以"品鉴"一下"百度 short 事件"再做决定。毕竟，所有的实践都能让人"哑口无言"。或许有点"天下皆为我所有，一切皆为我所用"的飘飘然；又或许由于之前投资表现的"丰硕"，在一段时间内段永平对市场减少了"恐惧"。就连段永平对自己的这段经历都笑称道："呵呵，亏欠的投资有好几次了，多数都可以原谅，但有一次属于极度愚蠢，就是跑去 short 百度。之前投资表现非常好，就真的以为自己很厉害。"

关于"做空"这件事，段永平在 2020 年 8 月左右在雪球也发表了一些看法。段永平称道："我有个邻居，是专门做做空生意的（我搞不懂怎么做），前段时间突然问我是否知道这家公司，因为好几个做空机构在做空这家公司，怀疑这家公司做假账，理由是他们成长得太快了。"

段永平也真的让步步高负责教育电子板块的同事去了解了一下，得出的结论是：这个成长节奏在这个环境下，看不出任何不符合逻辑的地方。于是段永平也告诫邻居：中国很大，这点营业额的成长比例其实不是不可能的，那时候股价好像是在 30 ～ 40 元左右。后来几个礼拜过去了，他问邻居是不是还空着的时候，邻居表达了肯定，并仍然坚信该公司做假账，而那天的股价是 80 元。

当事情完全不确定的时候，或者完全不了解这家公司的时候，段永平给出的建议是：最好别做空。或许这跟他曾被舆论推至"恶意做空"茅台的事件有关，但是，"不做空"在段永平这里一直是真命题。

做空百度之后的段永平，也有过反思和思考。他说："首先，卖空行为是错的。当时确实看到了一些与百度行为不符的东西，后来百度也确实掉得很低（如果我能一直空到那时实际上可以赚大钱）。但我也确实忽略了一些对百度有利的重要条件，比如政策环境等。"

为什么段永平当时会"违背"巴老的提醒而实施"做空行径"？

第一，手里有多余的现金就容易犯错，和巴老一样，他当时是在网易赚了100倍之后，手里闲钱多了，还没有好的投资目标；第二，觉得投资到了一定发展阶段，可以尝试一些"新刺激"，做空是一个互为猎物、相互争夺的刺激游戏，也正是因为百度short给到的"刺激"，让段永平记住了不做空的原则。

所以，在这里要给各位投资者一句规劝，多角度大格局看事情，或许能为投资提供更多可能性。

第五章

能力圈

　　"不懂不投"，坚守自己的"能力圈"，不该是空谈，而是在
投资的一次诱惑考验面前，必须知行合一的一种态度。对于这点，
段永平更是不忘屡次提醒广大投资者："学习老巴，最主要的还是
学习他的原则。"而在"能力圈"的执行上，段永平也毫不逊色，
与此同时，二十多年的投资历程也让他进化出一套属于他自己的"原
则体系"。

20. 不懂不做，其实还是能力圈

2011 年 3 月 30 日，美国纽交所传来这样一则消息，奇虎 360 即将在美国纽交所上市。

消息发布以后，市场突然流传这样一则"八卦"："继 CNBC 电视股评人 Jim Cramer，以及索罗斯旗下基金均公开认购奇虎 (QIHU) 股份后，传奇股神巴菲特也认购了奇虎股份。"巴菲特认购 360 的消息很快传开，忽然成为当时国内热议的一个话题。

当时有记者给段永平发邮件，向他求证巴菲特认购奇虎 360 消息的真实性。段永平很笃定地告诉记者："巴菲特认购 360，100% 不可能！"事实的确如此，巴菲特旗下集团并未进行任何认购操作，这只是很多媒体炮制的一则"假新闻"而已。不过，段永平能百分百否认这件事的真实性，并非因为他和巴菲特有别人没有的联系渠道，能提前获知巴菲特的行动。他与巴菲特没有沟通，也能"心照不宣"猜中对方的决策，更多来自段永平对巴菲特不一般的了解。

段永平面见巴菲特"取经"后，两人一直保持着联系，随着交流的深入，他发现巴菲特是一个"知行合一"的人。在他眼中，巴菲特讲原则、守底线，他身边从不缺少诱人的投资机会，但对于自己不了解的公司，他绝对不会违背自己定下的纪律。

首先，对于该投资什么、不该投资什么，段永平的态度是"有疑坚决不投"。在任何时期，市场上一定会出现某些被投资者捧向神坛的"神股"，一段时间内他们的涨幅惊人，看多者会以各式各样的理由一边倒地"吹嘘"这些股票的价值。其实，很多粉丝经常会给段永平推荐类似的股票，不过他的态度通常是"不拒绝也不迎合"，他不在乎这些股票在最近一段时间之内涨幅有多疯狂，而是回到原点去检视这家公司，了解判断是否属于自己"看得懂"的能力范围。他从不会因为自己曾经有所涉猎或略有耳闻，就盲目展开行动。相反，但凡这家公司存在自己拿捏不稳的"疑点"，段永平会果断选择放弃。

2020 年开始，国内资本市场中，以新能源汽车为代表的成长股走势一度十分强劲，之后风头甚至还压过了 A 股众多老牌传统价值股。新能源汽车的行情其实并非泡沫，背后实际上有很强的基本面支撑。这一年新能源汽车的销量暴涨，渗透率大幅提高，因而大家对新能源车企的前景表现出极强的信心；此外，国家制定了"碳中和和碳达峰"的政策目标，以国家战略的方式支持新能源的发展，更是直接引爆了当时市场的情绪。很多股民因此也强烈建议段永平关注新能源汽车，可始终不见他有任何"大动作"。

段永平对新能源汽车是有疑惑的。他谈道："我不了解新能源汽车，甚至不了解新能源汽车和传统汽车的区别。"言下之意是，新能源并不属于他能力的"射程范围"。在他表露自己对新能源汽车"不感冒"的态度前，其实段永平刚刚入手了一辆保时捷的电动车。虽然段永平承认，驾驶保时捷电车的体验感非常好，超过了很多新能源汽车品牌，但这并不意味着自己有理由投资。而段永平"抱有疑点"的地方，其实是新能源汽车未来商业演变的"不确定性"。

明明新能源汽车是大势所趋，押注这一赛道轻轻松松便能"跑赢大盘"，段永平究竟在担忧什么呢？他曾经发过这样一个疑问："保时捷的电动车，究竟算传统汽车，还是算新能源汽车？"可以看到，"新势力"固然是大势所趋，但新旧势力之间，谁能取代谁还不一定。要弄懂新能源汽车，不是只体验驾驶几次，就能认可这个行业的未来，也不是只要搞懂背后的技术原理，就能妄言新能源汽车属于自己的能力圈。段永平看到了这个赛道战局的模糊不清，新旧博弈背后不只是机遇，更有风险。

巴菲特减持了比亚迪，即便是被市场一度认为投资确定性极强的宁德时代，在 2022 年也几乎腰斩，这也让很多对新能源一知半解的投资者尝到了苦果。在段永平看来，要真正搞懂一家企业，尤其是在茫茫股海之中要找到一家"一眼看上去，便知高矮胖瘦"的好公司，一知半解是不够的，跟风追高也是不可取的。对于普通投资者来说，专注在自己有认知优势的行业，才是把"单刃剑"的价值用到最好的方法。

第二，段永平有很多"以为看懂，但最后实际没懂"的公司，但无论发现时自己是赔是赚，他都会坚持"及时止错，代价最小"的原则，坚决贯彻止损离场的原则。

例如，2009 年，段永平"抄底"了深陷次贷危机漩涡、股价被严重低估的通用电气。投资通用电气，段永平拿得准的是他对通用电气企业文化的了解，他相信公司面对危机时强大的"复原力"。即便当时对通用电气的业务没有那么了解，段永平在金融危机时唯独抄底了这家伟大的企业。不过，随着日后了解的深入，段永平发现，通用电气作为一家多元化的公司，业务版图太过复杂了，不可能对其中每个板块了解透彻。或许考虑到彻底搞懂通用，时间上并不划算；又或许是段永平后来接触到苹果等自己更容易看懂的企业，段永平并未"恋战"，在通用电气获利几倍后，便果断选择卖出。

段永平和巴菲特在"不懂不投"这一原则上不谋而合，但二人也非绝对的"圣贤"，也曾因为违背了"能力圈"的指导，栽过一些"小跟头"。

1988 年，股神巴菲特在佛罗里达大学演讲的时候说："我此前买入美国航空，是因为它是一只很合适的证券，但它的生意不好，本来不太喜欢公司的生意，却因为喜欢证券的条款而买了，这样的错误我过去犯过，以后可能还会再犯。"果然，在未来几十年的股海征途中，巴菲特不止一次犯过这个错误。比如巴菲特斥资 15 亿美元购入并不断加持的美国三大航空公司股票，没有"抵住诱惑"。此后的时间，美国几大航空股价坐地腰斩，丝毫没有给巴老面子。让人无法预料的是，巴老最终宣布彻底抛售全部航空股，在这笔操作中，巴老巨亏 60% 认错离场。

同样的，段永平也是踩着坑过来的。在航空股这件事情上，段永平也吃过亏。为什么不看好航空业却还要购买航空股？巴菲特也曾告诉段永平，尽量不要去"招惹"航空股。不过"好奇使然"，段永平在疫情期间，卖出了手上部分苹果公司的股票，小幅"跟仓"巴菲特，买入了达美航空。然而，持有达美航空，也让段永平首次尝到了"因为投资而睡不好"的滋味，一向恪守平常心的段永平，感觉航空公司"总有想不透的东西"。

"这和持有苹果的感觉完全不一样，股价怎么掉都不会介意，不过还好我的大部分仓位还是苹果而非航空。"这也确实证明了巴老所说的，航空公司的投资逻辑相比疫情前，已经彻底改变了。为了"睡个好觉"，更是为了立下的"规矩"，段永平也清空了达美，虽然有所赚，但是要学会该出售的时候，就要像巴老一样出售。航空让巴菲特纠结了 30 年，认输清仓，也让恪守"及时止损"原则的段永平，再度认清了认清能力边界的"分量"。

原则是用来坚守的，原则更需要"教训"来反复提醒。

21. 看懂一家公司不会比读一个本科更容易

段永平从 2011 年注册雪球账号之后，曾开通过一项回答粉丝问题的功能。不过，段永平的回答不是免费的，为了向慈善事业贡献自己的力量，段永平"以道化缘"，以付费回答粉丝投资问题的方式，将其中产生的收益悉数用作慈善。

不过，段永平并非"有问必答"，当有粉丝向段永平讨教的问题超出了段永平的知识范围时，他便会直言不讳地告诉粉丝："这些问题，大道确实不懂。"很多粉丝会"神化"段永平，他们认为，"方丈"聪慧过人，取得过成功的商业成就，对他而言，搞懂任何一家公司应该不是什么难事。可是，这一句平淡的"不懂"并非谦虚，更非搪塞，而是包含着他对"能力圈"的无比敬畏。

段永平有过这样一句"警语"："搞懂一家公司，绝不是看几本书或者读两篇博客那样简单，真正搞懂一家公司，并不会比读一个本科容易。"诸多投资者，并非不够努力，他们每天求知若渴，围绕各类公司动态和研究报告，试图捕捉到表象背后的投资规律。从主观认知上，很多人以为自己已经"看山不是山"了，对一家公司的基本面和消息皆能对人侃侃而谈。然而，他们还处在"不知道自己还有不知道"的认知阶段。

是否记得段永平关于"围棋段位"的说法，对于"围棋九段"和"入门新手"来说，两个人都能称得上是"懂围棋"，但是背后的能力悬殊，只有在对弈时才可一分高下。而投资亦如是。

在搞懂一家公司上，为何段永平总会"夸大"其中的难度呢？这是因为，在段永平看来，在投资实战中要真正搞懂一家公司，有两座"外面看一厘米，深入下去一公里"的高山：生意模式和公司未来的现金流。

首先是生意模式。生意模式，指的是一家公司产生现金流的方式，要搞懂一家公司"如何赚钱"并不困难，但是要搞懂"谁更赚钱""谁赚的是辛苦钱，谁赚的是轻松的钱""谁能一劳永逸地赚钱"，却并非数日之功。要能悟透商业模式背后的优劣次第，不靠表面的文字功夫，而是要靠一种几十年才能积累形成的"生意感"。另一难点，则是要看懂一家公司的"未来现金流"。搞懂公司未来现金流，绝非只是算出一家公司未来几个月或几年能赚多少钱。

段永平发现，一些做过生意的商人，他们在自己擅长领域的"能力圈"之所以要远高于外行，一个很重要的原因，就在于他们比常人更懂这门生意是如何赚钱的。这种对赚钱能力的直观感受，能帮助他们在第一时间快速判断什么样的公司是这个行业中真正赚钱的好公司。很容易理解的是，一方面，这些"内行"掌握信息的广度和深度是靠时间累积的；另一方面，因为有过实际经验，他们知道一门生意真正的"护城河"在什么地方，也能通过手里拿到的第一手信息快速作出判断。

而段永平本人就是最好的例证。他投资苹果时，最为人津津乐道的一个发现，是他在 2011 年时"彻底想明白"：苹果是一家未来一年能创造 500 亿美金现金流的"庞然大物"。而做出这个发现，离不开段永平在电子制造业 20 多年的"生意手感"。当时，段永平在研究了一段时间苹果后，得出了这样一条结论："苹果的商业模式，是步步高过去想要做到，但一直没有办法做到的。"而步步高想真正做到的，便是"单一产品"模式。

推广步步高的游戏机时，段永平参考借鉴当时任天堂的商业模式。他发现任天堂并不像很多电子制造业的公司推出大量不同的产品，而是主打一款产品。"单一产品"的好处显而易见，首先是研发上更加聚焦，能给消费者创造更好的体验。在这种模式下无论是库存还是采购，都具备很强的规模效应。可见，如果段永平没有这段"看见过猪跑"的历史，他很难在第一时间发现苹果"单一产品模式"究竟为何坚不可摧。

当时，在他了解苹果后，他得出这样一个结论，未来5年苹果会赚到500亿美元的现金流，并且判断日后这个数字还会越来越好。当时苹果的市值只有3000亿美元，以此来判断苹果未来10年的投资价值，这个结论似乎并不难。很多人听到"500亿"这个数字，会觉得段永平的估值并没有什么困难之处，而段永平坦言，得到"500亿"这个数字，用了他整整20年的功夫。只看到500亿这个数字，苹果的估值便只是一个"算术题"，但这个数字背后承载的，却是段永平真正的"段位"。

所以，段永平会给很多投资者这样的建议，想要看懂一门生意，学会如何嗅出生意模式间的好坏差别，最直接的方法便是自己直接做一门生意。在他看来，只有自己亲历，对生意模式的"手感"才会更加真实。不禁要问，段永平真是想让我们放下对公司的研究，以"做生意"来"缩小能力差"吗？他这样说，是意在提醒所有人，"没有金刚钻，不要揽下瓷器活"。正是因为搞懂一门生意如此复杂，所以才更应该在自己真正有"金刚钻"的地方施展拳脚，结果并不会比"半罐水"差。

段永平分享过自己一位投资"前辈"的故事。段永平的这位"前辈"，是一名房地产投资领域的"内行"，更是一位拿着自己房地产"金刚钻"，在股票投资时钻出黄金的价值投资人。之所以称其为"前辈"，正是因为他本身是一名金融精英，研究生毕业之后，便就职于知名的证券公司美林证券。之后，他并没有承袭金融发展的道路，而是转行去做了房地产。让段永平诧异的是，这位"前辈"在地产行业潜心学习，不久便学到了地产行业的运作原理。在拿到了地产的"金刚钻"之后，他便专注下来成为一名专注地产的价值投资者。一次偶然的机会，这位"前辈"发现了一家股价被严重低估的地产公司。

在接下来的 3 年时间里，他每个周末，都会驱车前往这家公司的每一个工地，对公司的在建工程进行最终确认。他把从业金融时的估值经验和在房地产领域的专长相互融合，判断出了这家地产公司的价值，随后陆续对公司的股票低位买进。后来等到公司私有化时，股价已经从最初的 1 美元涨到了 109 美元。

不难发现，段永平不期待也不致力于成为一个"股市通才"，他比谁都清楚，搞懂一家公司更需要"万米深"，价值投资，锻造一把"金刚钻"也就够了。

22. 诚实对自己，知之为知之

"能力圈"所指向的并非"能力高低"，而是一种关于能力的"自我对抗"。

段永平常说，"能力"和"能力圈"是两码事，"聪明"和"智慧"并不天然相等。在他的话语中，时常会提及一类市场中的"聪明人"。从表面上看，他们天资聪颖、学习能力惊人，研究公司上手快、洞察深、判断准，在"搞懂公司"的能力上远远超过市场上的绝大多数人，而短期的投资回报似乎也令人十分满意。从某种程度上来讲，"聪明人"的能力圈似乎可以无限扩展，他们陡峭的"学习曲线"，足以支撑他们迅速将自己的投资能力迁移到任何赚钱的行业及板块。

然而，段永平却认为，"聪明"正是这群人的一种最大的诅咒。段永平对"聪明"是这样界定的：投资的能力版图有很多，但总的来说分成两类：一个是"做对的事情"的能力，诸如坚持长期投资，只投"十倍增长"的好公司，不陷入"投机主义"的泥沼导致巨额亏损的发生等；另一类则是"把事情做对"的能力，诸如如何看懂公司和所在的行业、如何估值、如何买卖等，都是"把事情做对"的范畴。显而易见，聪明更多指的是后者，即在投资当中"把事情做对"。

而"聪明"的二律背反正在此处：聪明人是最能"把事情做对"的一群人，但同样也是最不愿"做对的事情"的一群人。他们擅长在短跑之中成为王者，这样让他们比谁都想在任何时候都要"跑赢市场"。

他们有"把事情做对"的能力，因此在"破圈"时也会比"愚笨"的投资人缺少一份恐惧和敬畏；他们从不甘于"死守"自己的能力圈，而是在时与势远离自己的"老本行"时，更有动机跳出能力圈的束缚。可是十次破圈只要有一次失败，代价足以摧毁过去任何一次成功。

"扩大能力圈"，正是一颗时刻可能摧毁他们过往战绩的"定时炸弹"。而这正是价值投资的一大争议："能力圈"是否是价值投资经常"跑输市场"的罪魁祸首，是否应该在做实"老能力圈"的基础上，逐步适应市场变化，学会"扩大自己的能力圈"。

其实，"如何扩大能力圈"也正是很多投资者时常抛向段永平的一个经典设问。在很多人的眼中，"扩大能力圈"正是段永平的一个最为鲜亮的标签。从实业到投资，从互联网到制造业，从"一瓶白酒"到"一颗苹果"，段永平似乎并不是抱残守缺，"死守一棵树上吊死"的人，甚至还有人认为段永平比巴菲特要"灵活"，甘于主动"破圈"到当下最具生命力和增长潜力的行业。然而，段永平却并不承认这种说法，甚至公开指出"扩大能力圈"就是一个"伪命题"：

"不要轻易去'扩大'自己的能力圈。搞懂一个生意往往是需要很多年的，不要因为看到一两个概念就轻易跳进自己不熟悉的领域或地方，不然早晚会栽的。"（2012-04-06，段永平的雪球账号）

"不要盲目地扩充自己的能力圈。人能做的事有限，人说啥、能说啥不重要，重要的是你做啥、能做啥。"（2018-9-30，雪球，段永平的雪球账号）

"我经常看到有人跑到自己的能力圈以外去做事情，回头安慰自己的话就是'扩大能力圈'是要付学费的。其实，对大多数有能力投资的人而言，自己的能力圈里能做的事情实际上往往是足够多的，实在没必要冒太大的风险跑到一个未知的地方去。当然，如果是拿别人的钱或许可以试试。"（2011-12-31，雪球，段永平的雪球账号）

"扩大能力圈"并非没有好处，有时跳出圈外看看更是"不得已而为之"。比如，一些投资者总有这样的担忧，自己的"能力"太小，更不要说用一个"圈"来捆住自己了。自己擅长的领域，要么一时很难赚到大钱，要么门槛太低无法获取"超额收益"。再比如，在自己的能力圈中已经拿到不错的成绩，可是人都希望有所突破，不甘于只守着一棵树，毕竟"技多不压身"。

每个人其实都有"时不时向外看"的冲动，不管破圈之后的胜算几何，似乎都要比把钞票留在股市中"空转"要更划算。段永平并非不知道"外面的世界更精彩"，但他却更了解摘下能力圈"紧箍咒"之后需要付出的代价。对他来说，"胆小"并非坏事，未必要比急于"破圈"、被动"破财"的人结果要差，"主动待着"要远比"被动弹回来"要更有利于生存。

能力圈的本质，正是一种"知之为知之"的本分，是一种"弱水三千，只取一瓢饮"的守拙，是一条克制"向外看"本能的死线。

段永平从创办步步高开始，就一直是一个爱主动"圈住自己"的守拙型企业家。为了不让步步高战略发展的步子太快，他明确指示过必须坚持"四不"原则：不上市、不融资、不搞多元化、不过早地进行国际化。而段永平之所以不支持搞多元化，不是因为"多元化"天生不好，而是他有意为之的"克制"。他认为：如果连一项业务都无法做到稳定盈利，那么，有什么理由认为搞其他的业务同样能够盈利呢？在他看来，经营一家公司是一项非常复杂的系统工程，大到战略和制度，小到营销和售后，每个环节都不能有短板，要把企业的每块板子打牢固，本身要做的事情已经非常多了，怎么可能有闲暇的时间还去发展其他新的业务？

2000 年以来，进军 IT 行业是当时很多从事数码电子友商的一致共识。对此，段永平也纠结了若干年。步步高做 IT，从某种程度上并非"盲目破圈"，作为当时市场占有率位居前列的企业，步步高已然比很多同行具备更为扎实的用户基础和资金积累，然而段永平最终还是决定放弃。他认为计算机行业资金消耗大，会稀释掉公司本就不够充裕的企业资源。即便步步高有那个能力，考虑到对主业的不利影响，还是应该打消进军 IT 的打算。

这个主动"圈住自己"的理念，同样一脉相承地演化成段永平投资时的一项基本遵循。不管是做生意时对开垦新领域的保守，还是在投资时极少涉足自己不容易看懂的领域，段永平的认知里始终有两条红线：

第一，"生存"是做企业的第一位，"不亏钱"是做投资的第一位。企业在创业阶段，创始人的能力和精力是极其有限的，如果不能做到聚焦，很容易因为无法做到集中优势兵力让关键业务有所突破，导致业务的失败，影响公司赖以生存的根本；同样，作为投资者，我们的能力范围有限，了解企业的时间和精力也是有限的，如果无法做到单点突破，亏钱也是大概率事件。

第二，"被动待着"远比"主动弹回来"要好。能力圈就像一个无形的结界，一个玻璃做的天花板。在没有往外"开疆拓土"的时候，你可以尽情"畅想"自己能力圈非常大，也可以在自己日常的学习中"幻想"能力圈不断增长。可只有当你真正亏钱的那一瞬间，你才能知道这个玻璃做的城墙到底在什么地方。

其实，守着自己的"三板斧"并非"愚钝"，宁愿做"智慧的投资者"，也不要落入"聪明的陷阱"。

23. 恐惧程度和了解程度成反比

在这波涛汹涌的股海中寻宝，任何船只都要面对市场的风高浪急。段永平是一位智慧的航海家，"能力圈"犹如一个金光闪闪的罗盘，让他在暴风骤雨中也能稳执舵柄，从容驶向价值的港湾。

《南方人物周刊》曾说：段永平最欣赏的棋手是有"石佛"之称的李昌镐，不论是何等瞬息万变的"局面"，他都能做到沉、稳、准，步步为营，以静待动，永远留有余地。这种处变不惊的气质，看似是一种强大的情绪掌控力，但背后离不开能力圈的"跷跷板"效应——投资时，一个人的恐惧程度永远和他对所买股票的了解程度成反比，投资者只有在持有自己真正看得明白的股票时，心中才会"无有恐怖"。

股票投资不只是关于投资技术的学问，还关乎每个投资个体持股时的情绪管理。而"持股焦虑"则是困扰一众股民的一种常见病。有的投资者担心，持仓的公司要是明早醒来突发负面信息，好不容易积攒的浮盈转瞬间便会灰飞烟灭了。有的投资者则是害怕错过千载难逢的投资机会，看到股价快速攀升，便在"追高"和"畏跌"的两难间来回摇摆。对大部分投资者而言，不论是持仓还是不持仓，买入还是卖出，任何一种选择，都难以躲开不确定性衍生出的恐惧与焦虑。

难道投资股市永远没有"双全法"吗？

在投资的心态上，段永平永远坚守一个信条。表面上看，恐惧担忧情绪的导火索貌似来自市场，源于变化，但本质上却是投资者自身的问题，一旦投资者永远在自身的能力圈外"使劲儿"，对自己购买的股票没有充分的了解度，不但会感到力不从心，甚至每个选择都会感到"如坐针毡"。投资者真正要思考的并非如何才能"消灭"恐惧情绪，而是应该尽量提高自己对一家公司的"了解度"。而这正是"能力圈"的又一妙用，在能力圈里做投资，投资者对自己的每一个决策才能做到心中有数，不仅不用刻意管理自己的情绪，还能在持续的正反馈中反复强化自己正确的判断。

段永平抓住了这一点，有时候他甚至会"反向使用"能力圈的这个作用。他认为，"股票掉的时候如果真的不受影响时，你大概就是懂了；不然就有可能是在投机（尤其是当你觉得害怕的时候）。"当他察觉到自己持股时心态不稳、睡不好觉时，他便会回过头来反思自己到底是否真的看懂了这家公司，重新校准对这家公司的判断。

不过，我们也应该用"平常心"审视能力圈的应用。"能力圈"并不代表我们对一家公司的了解是无所不知、全知全能的。用段永平的话来说，懂的意思并非要做到"水晶球"，但对于公司未来价值的一些"关节"，却必须做到尽力知悉、胸中有画。即使是段永平，也无法做到完全理解一家公司的商业行为，但只要在大方向上做到"无疑"，那这样的投资也是可行的。

在投资的具体实操中，我们会发现，段永平对投资的很多公司的了解程度也并非做得到尽善尽美，有时公司内部突发一些问题，管理人真实的商业意图，以及宏观环境的影响，同样会对他的投资带来不确定性。举个例子，段永平在投资腾讯时多次公开表示过，"自己仍然有一些看不懂的地方"。对于腾讯整体的盈利能力，以及在互联网未来十年发展当中的"江湖地位"，段永平总体上是十分认可的。但是，段永平很疑惑，为何盈利能力如此强大、未来净现金流如此充裕的一家公司，仍然会痴迷于对外大量的"财务投资"。当他发现腾讯的投资行为和公司的主体业务关联度并不高时，他坦言自己心中并不能全部理解腾讯的战略意图。

腾讯固然是一家符合段永平投资标准的好公司，但客观上讲他也是段永平"信中有疑"的公司，就连段永平也多次表达过自己对腾讯的了解程度并不如苹果和茅台。不过，对于"腾讯"的疑惑，很显然并没有转化成为段永平的"焦虑"，相反，对于这类他总体上认同，但在局部范围仍有模糊之处的公司，段永平也会利用一些方式规避其中的风险。

比如，段永平的投资策略中，也会设置"安全边际"，但他对安全边际的诠释却独树一帜。普遍看法认为，"安全边际"是为了以较低的价格和风险，买入一家具有潜在价值的公司。然而，段永平精辟地指出，"安全边际"的真谛在于对企业的"理解度"，而非仅仅寻求价格优势。

在价值投资中，考虑到无法绝对精准地估算公司的"内在价值"，投资者通常会给未来现金流的折现值打一个折扣。段永平也采用此策略，他曾建议，在内在价值的 40%~50% 范围内设定购买价格，但更重要的是，其实还要从你对公司的理解度决定"打折力度"。比方说，对于自己认知内，高度可预测且具有潜力的商业模式，他会设定较小的安全边际；而对于自己尚存疑虑，或对其掌控度不够的商业模式，他则会设定较大的安全边际。

举例来说，通用电气是段永平在金融危机期间大举投资的一只股票。由于他对通用电气的复杂产品线并没有深入的了解，因此，他为通用电气设定的购买价格非常低，甚至低于当时的巴菲特的购买价格。这清晰地展示了"理解程度"在段永平的投资策略中，不仅是收益的来源，更是一个有效控制风险的手段。

此外，段永平在配置投资组合、分配持仓权重时，同样高度重视对公司的理解度。在市场大幅下跌时，他会根据自己对各公司的理解来制定加仓策略。以他的核心持仓为例，他公开表示对腾讯的理解不如苹果和茅台。这在 2022 年加仓腾讯时表现得尤为明显，当时他对腾讯的持仓仅占其总投资组合的约 1%。

总的来说，段永平的控制不确定性的方法是精准而简洁的。无论是持仓规模还是安全边际的大小，他的焦点不在于控制市场的不确定性，而是在于控制自身对公司认知的不确定性。

比如，段永平会给"有疑点"的公司设置更高的"安全边际"。"安全边际"是价值投资控制风险的主要方法，考虑到投资时，对公司"内在价值"的估计不能做到 100% 准确，因此，价值投资者会在自己所估算的未来现金流折现基础上打一个折扣，只有股价明显低于安全边际的价值时才会适时买进。然而，段永平的投资理念中，比较少强调安全边际的重要性，虽然他主张要在内在价值的 40% ~ 50% 内设置买价，但对于安全边际的内涵，段永平却有自己不一样的理解。

很多人认为，安全边际本身是为了以足够低廉的价格、更低的风险"抄底"一家正处在价值洼地的公司，但"价格便宜"，并不是设置安全边际的目的。段永平鲜明地提出，"安全边际"指的其实是你对一个企业的了解程度，而非只是为了买得便宜而给价格打上一个折扣。对于确定性高的、越发看好的商业模式，安全边际可以设置得更小；而对自己仍然存疑的、掌控度不是很高的商业模式，安全边际才应该放得更大。例如，通用电气是段永平在金融危机时下重注的一只股票，但当时段永平对其复杂的产品线掌握的程度并没有那么高，可以发现段永平给通用的买价非常低，甚至一度低过了巴菲特当时的买价。由此可见，"了解程度"对段永平而言，不只是一个收益的来源，也是他控制持仓风险的抓手。

除此之外，段永平在设置整体的仓位时，首要考量的便是自己对一家公司的了解程度。如遇市场普跌，段永平的加仓次序便会按自己对公司理解的"胜算"排兵布阵。在段永平的持仓"三板斧"中，他坦言自己对腾讯的理解度不及苹果和茅台，这也与段永平对腾讯的整体份额直接挂钩。在 2022 年加仓腾讯时，段永平就曾公开过，对腾讯的持仓只占到了他总体仓位的 1% 左右。

由此可见，段永平控制不确定性的方式并不繁杂，不管是仓位的多寡，还是安全边际的高低，控制的并不是市场的不确定性，而是自身认知的不确定性。

第六章

好公司

　　我们知道，段永平做的是"品质投资"，对所投资公司的"品质控制"极其严格。在做投资的前十年时间里，他已经养成了"非好公司不投"的挑剔眼光。当时被他挑中的网易、万科、创维和通用，都是所在领域的"行业状元"。不过后来，段永平并没有延续一条"只投行业老大"的路子。他继续优中选优，对当时很多资本市场公认的成长股几乎不为所动，只愿持续重仓"苹茅腾"。

24. 对投资而言，好公司是最重要的

在过去十年，苹果、茅台和腾讯是段永平投资标的中最有名气的"三板斧"，他从股市中收获的惊人财富，大部分也都来自这三位功臣。

享受过投资这三家公司的回报后，段永平的口味变得更加刁钻了，而"苹茅腾"这三家公司，后来也称为段永平的"审美标准"，当他发现其他公司和这三位"尖子生"相比没有任何可比性时，他不会过多停留。他买过的企业中，有的虽然自己很熟，也赚到过大钱，但随着段永平投资年限的增长，他并没有"吃回头草"，而是始终坚持对好公司"取法于上"的态度。与此同时，资本市场的"后起之秀"层出不穷，它们的股价势如破竹，有的看上去也符合好公司的标准，但是段永平很难为之动容。在他看来，如果这家公司的商业模式、企业文化等方面，不及"苹茅腾"的一半，浪费那个时间有何意义呢？

段永平对"好公司"如此重视，并不是一个一蹴而就的过程，早年间，他也曾经因为误入"质地不良"的公司而惨遭失败。

2003年初，网易的股价涨到了10美元以上，段永平对投资逐渐有了"手感"。网易的成功，让段永平摸到了价值投资的门道。一方面，他发现了投资时机和价值低估的重要性，很多好公司在"天灾人祸"时，才会出现绝佳的投资机会。不得不说，网易股价当时来看是"十年不遇"的，公司遭遇诉讼风波，同时与互联网泡沫破裂的情绪叠加共振，这种投资机会确实令人很难不去把握。另一方面，段永平并非只迷信

便宜，他发现一定要留意公司未来的增长可能性，而他投资网易，更多是身为"游戏内行"对公司前景的准确预判。他对《梦幻西游 2》的效益予以厚望，同时向丁磊提出了诸多营销的建议，他十分坚信网易会在不久的将来渡过难关。

段永平当时的投资逻辑，有着典型的"烟蒂股"投资的色彩。他后来意识到，网易的投资机会是"可遇不可求"的，但是之后他还是受到网易的启发，投资了另外一家美国的上市公司。

这家公司名叫"Fresh Choice"（美国鲜选），它在加利福尼亚州、华盛顿等地经营着几十家连锁门店，品牌口碑也受到了众多消费者的认可。可是好景不长，2003 年，美国鲜选出现了危机。与很多餐饮连锁品牌一样，美国鲜选为了扩大经营规模，选择了加速扩张门店，导致公司债台高筑。华尔街的投资人开始担心现金流无力偿债，公司股价因此开始狂跌。

有人很快把这个消息告诉给段永平。那段时间，段永平已决心把投资当事业，他正想接触一些美国本土的上市公司，好让他补足对美国营商环境和公司法规的认识。而这时美国鲜选濒临破产的消息也让他产生了浓厚的兴趣。当时公司的股价已经跌至 1.5 美元，不过段永平发现，每股现金流竟然还有 0.6 美元。公司的经营风波，以及资产价值被市场严重低估，让段永平嗅到了网易的味道。不过，美国鲜选毕竟不像网易那样"知根知底"，公司今后的业绩增长可能会成为一个巨大的变数。

经过再三考虑，段永平为公司想出了一整套"危机处置方案"，如果他的方案能顺利推进，他预估大致用两年的时间就能收回成本，逆风翻盘。综合考虑之下，他动用了 100 多万美元，相继购入 104 万股，而段永平也因此成为当时美国鲜选的第一大股东。2003 年 10 月，美国鲜选发布公告，段永平成为公司的董事。

从股东成为董事，意味着段永平不只是个"看客"，而是要参与到公司战略的决策中，这也是和投资网易最大的一个不同之处。段永平之所以想要进入董事会，一方面是为了将自己的改造方案推动下去，但另一方面他也有想了解美国公司治理机制的意图。不过可惜的是，虽然段永平学到了美国企业内部是如何运作的，但公司并没能顺利推行自己原先设想的"复活计划"。一开始，双方由于语言和文化的隔阂，段永平无法准确传达自己的整顿意见，而公司管理层，当时有意架空了段永平，私下仍然决定持续扩张，而这也进一步加剧了公司的破产。

虽然入主美国鲜选最终以失败告终，投资的一百多万美金打了水漂，但是段永平认为自己并不亏。他说，"我捐的钱都不止这个数目"，资金亏损是一方面，但段永平更看重从失败中学到了什么东西。首先，他第一次身临其境感受了美国上市公司的公司治理，也实现了想要了解美国公司治理机制的预定目标。其次，他第一次明白了价值投资不能"为了便宜而投"，不能有便宜就占，而是要"为了好而投"。严格来说，美国鲜选并不属于段永平的"能力圈"，这也让段永平意识到"不懂不投"的道理。

段永平是一个"不贰过"的投资者。两年以后，段永平分别投资了万科和创维两家公司。从他当时对这两家公司的观点来看，他明显汲取了早期投资失利的教训。万科和创维，在当时都是各自行业首屈一指的"好公司"，更是段永平"看得懂"的公司。比如，在当时的地产企业当中，无论是销售收入还是净资产收益率，万科都能坐上第一把交椅。而对于创维数码来说，他更是直言"创维我是了解的"，称它为彩电行业里"最健康"的公司。总而言之，段永平投资的品位正在慢慢提高。事实证明，这两家公司的收益也十分可观，段永平当时以1港元左右的价格抄底创维，5年后卖出，收益翻了5倍，持有万科，也让段永平在两年后收益翻了4～5倍。

如今提到万科或创维，段永平的看法却和当初截然相反。投资创维和万科时，段永平认为他们是"好公司"，但放到现在，段永平却不愿投了。

"这是很久以前的观点了，现在更关注商业模式和企业文化。如

果时光能够倒流，我大概不会买创维或万科，我觉得他们的商业模式都不够好。"（2021-12-30，段永平的雪球账号）

"你觉得我的观点没变是因为你自己没变。其实你也可以推演一下，当时我如果不买创维或万科而是买了茅台或苹果，结果会是更好还是更坏呢？"（2021-12-30，段永平的雪球账号）

事实上，比起美国鲜选，万科和创维的质地和成色的确更胜一筹，但是段永平投资它们时，两家公司的背景和情况都很特殊，而段永平更多是基于"捡烟蒂"的考虑。在一次采访中，段永平坦言，投资万科是因为，公司的股票无论如何都值 10 元钱，而每股 2 元的买入价当时对他来说，本质上就是一个闭着眼睛就能赚钱的"便宜货"。同样，2004 年是创维的多事之秋，当时公司高管被查，股票一直不被资本市场看好，长期在 1 港元左右徘徊。作为同行，段永平对创维在彩电企业的地位十分了解。

巴菲特曾告诉段永平："好公司是最重要的，比价格还要重要。"这句话对很多投资者而言，似乎是一句无关痛痒的废话，但我们了解了段永平早期的投资经历后，就会明白这句话对理解段永平这几段投资所经历的困惑，以及日后其价值投资思想的成熟，到底起了多么大的作用。

不难看出，段永平逐渐发现自己过去投资风格的一个"缺点"，就是过于看重价格，太急于从市场上发掘自己看得懂的"烟蒂股"。这种投资模式很容易让自己碰到"美国鲜选"这类高风险企业。而即便是投资了万科和创维这类在国内有一定投资价值的企业，他们离"伟大公司"的标准尚有一段距离，投资这样的公司，并不能做到一劳永逸，也难以达到巴菲特投过的企业那般指数级的回报。

自此以后，段永平彻底顿悟了，投资理念也完全成熟了，他非常清楚，自己真正需要寻找的，是一家在自己看得懂的范围内，真正称得上"伟大"的好公司。

25. 好结果 = 好模式 + 好文化 + 好价格

带着自己的徒弟，押上身价，买入竞争对手公司的股票。这种事情估计只有段永平能干得出来。

2011 年，段永平做了一件让身边朋友惊掉下巴的决定。当时，他做投资已经小有名气，从来不主动推荐股票的段永平，却向当时 OPPO 和 vivo 高管推荐了苹果公司。要知道，OPPO 和 vivo 在 2011 年时正大举发力智能手机市场，而苹果公司于他们而言，就是实打实的竞争对手。大家十分不解，为何段永平不"荐股"则已，一旦推荐，找的却是自己的"敌人"？

段永平推荐苹果，自然不是要"长敌人士气，灭自己威风"。段永平大胆推荐苹果给"自家人"，是因为苹果是他经过十年探索后，遇到的第一家真正意义上的"好公司"。

2011 年，段永平年满 50 岁，在生日到来之前，他却遇到了一个"困扰"。当时他手里有大量的股权即将到期，意味着他手头会有一笔现金。该如何安放这笔资金呢？段永平第一个想到了苹果公司。对于苹果，段永平之前的态度一直很谨慎。苹果虽是一家好公司，但无奈价格太高。不过这次，段永平似乎不再像之前那样"畏高"了。在持有苹果前，段永平一直被人奉为"抄底王"，从网易到万科、创维，再到通用电气，段永平只有在市场大幅度低估的节骨眼上，才会下重仓。但对当时股价持续攀升的苹果，他最终还是决定"咬下第一口"。

当时，段永平对价值投资的思考日臻成熟，从"我注六经"的阶段走向"六经注我"。对于好公司，段永平发现，只有自己懂的公司，才能算真正的好公司。过去十年，他在投资方面所做的尝试，大部分都不在自己的专业领域。他也在思考，自己在消费电子行业浸润那么长时间，什么公司才是这个行业里最有投资价值的？于是，苹果公司成了段永平的首选。

早在电子数码行业创业时，段永平就开始默默关注苹果公司的经营和发展，尤其当步步高决定深度进军智能手机市场后，作为"退休老人"，他也在默默关注对手的发展动态。2007年以后，苹果开始"破圈"，早已用惯了诺基亚和摩托罗拉的段永平，其实很抵触苹果的产品。不过在试用了一些苹果产品，甚至亲自参与苹果发布会后，他逐渐转变了对苹果的态度。为了研究苹果，他还买过使用Android系统的手机，对比之后，高下立判。段永平渐渐意识到，这家公司会成为日后自己重仓的对象。

在此之前，段永平从巴菲特的投资框架里了解到，所谓的好公司，要具备三个核心要素：right kind of business（好的生意模式）、with right people（对的人，即好的企业文化）、at right price（好的价格）。三个条件同时具备固然完美，但是段永平逐渐意识到这样的机会是"可遇不可求"，在"好价值"和"好价格"之间，只能倾向天平的一侧。按照段永平之前的投资风格，公司再好，一旦价格不够便宜，他也不会下重注。但在2011年1月，一直犹豫再三的段永平终于"顿悟"了。他发现，即便没有了乔布斯，苹果这家公司也已经拥有商业模式，这个商业模式足够支撑它未来成为一家市值达到万亿美金的公司，如果和未来的市值相比，当前的股价再高，也算得上十分便宜。

因为，作为消费电子行业的"老兵"，段永平发现，他在创业时一直梦寐以求想做到的商业模式，"小霸王"和步步高没有做到，可当年的苹果做到了，那就是"单一产品模式"。

所谓的"单一产品模式"，指的是一家公司并不需要生产不同类型的产品或系列，只需要一款或几款有限的爆款，就能满足绝大部分用户需求。这个模式为什么好？因为单一产品看似数量少，但做到了"集中优势兵力"。分摊在单个产品上的研发成本肯定高，用户拿到手后，体验感受也会比"多品种策略"要好。这样的产品不仅真正做到了"以消费者体验"为中心，也会形成更强的市场竞争力。此外，单一产品真正的护城河在于其成本优势和规模效应。不管是材料成本还是研发成本，一旦被大量消费者接受，这些成本都能被苹果做到很低的程度。

其实，段永平所说的单一产品，正是时下流行的"爆品思维"。回看当时众多手机厂商，大家的思维还停留在"以多取胜"的阶段，对快速迭代的科技产品市场而言，多品种策略造成的库存挤压和品质降低等问题，对厂家来说无疑是致命的。他甚至直言："苹果倒是像卖车的，一年出一款；三星像诺基亚，结局可能也像。"不得不说，段永平是最早一批洞察到苹果产品爆款属性的用户，这和段永平在这个行业几十年的摸爬滚打是分不开的。

过去在消费电子市场，类似苹果这样，走"单一产品"模式的公司寥寥无几，段永平表示，除了任天堂之外，自己几乎没有见过任何一家具备这样能力的公司。并非企业不愿意做单一产品，而是在产品开发能力不足的前提下，很少有厂家敢下重注"打爆品"，一旦进入了"体验一般—库存积压—单品研发成本不足—体验更差"的恶性循环，企业几乎不会有任何利润空间。段永平很清楚，科技制造业虽然不缺技术研发实力强劲的公司，但拥有"单一产品"模式的公司是唯一在未来会产生丰沛净现金流的公司。

可观的现金流是由好的商业模式这个"印钞机"生产出来的，而好的商业模式则是成为好公司的前提条件。除了商业模式之外，段永平更欣赏的是苹果的企业文化。他说："好公司的企业文化，就是苹果的样子。"为了亲身了解，他看完了苹果所有的产品发布会，甚至到苹果体验店感受他们的服务。

想明白这个问题后，段永平以近乎"刷卡"的速度完成了对苹果的估值。他为自己未来的这笔投资算了笔账：

"我在 2011 年买苹果的时候，苹果大概 3000 亿市值，手里有 1000 亿净现金，那时候利润大概不到 200 亿。以我对苹果的理解，我认为苹果未来 5 年左右赢利大概率会涨很多，所以我就猜个 500 亿（去年 595 亿）。所以当时想的东西非常简单，用 2000 亿左右市值买个目前赚接近 200 亿 / 年、未来 5 年左右会赚到 500 亿 / 年或以上的公司（而且往后还会继续好）。"

以未来每年 500 亿的净利润来看，苹果在不远的将来一定会成为一家万亿美金市值的企业。这就不难解释，为何段永平敢把苹果推荐给当时 OPPO 和 vivo 的高管了。事实胜于雄辩，2018 年 8 月 3 日，苹果的市值如期突破万亿美金，段永平不出意外地印证了他的判断。事后来看，"万亿市值"的结论看上去像是一个再简单不过的算术题，但段永平却说："得到这个结论，对我来说至少 20 年功夫吧。"

而相比之下，很大一部分持有苹果股票的投资者，虽然都一致相信苹果是家"好公司"，但为何大部分人都是"短线过客"，很少有人能够做到像段永平一样"拿十年，赚十倍"？因为他们中大部分人的眼睛不是盯着业务，而是盯着股价的市场波动。2011 年，能精准地判断这是一家未来每年至少能挣 500 亿美元的公司，而苹果一旦换帅，或者听闻市场对苹果未来增长空间不看好的消息，对"苹果是一家好公司"的信念就开始动摇，公司再好，他们也很难伴随公司一路成长，分享公司稳步增长的高额收益。

大部分人虽然认定苹果是家公认的"好公司"，但未必能看得懂苹果的内在商业模式，对企业未来能挣多少钱"看得不深"，因而也就"看得不远"，他们的关注点大多是短期会影响公司价格的表面事件，也就很难做到通过短期持有，陪伴苹果这家企业享受十年高速稳步增长的高额收益。相比之下，当时"听信"了段永平的推荐，傻傻地跟着师父重仓持有苹果股票的 OPPO 和 vivo 高管，单单计算苹果股票的市值，每个人股票变现后的身价早已是千万富翁了。原因很简单，都说"同行最懂同行"，他们作为和苹果有相同基因的智能手机制造商，自然是比普通投资者更能判断苹果这家公司是个难以撼动的强大对手，也自然听得懂段永平当年对苹果未来值多少钱的判断。

所以，持有"好公司"，并不意味着人人都能赚到大钱，只有看懂好公司未来的收益前景，并且长期持有，陪伴公司成长，"好公司"才能成为价值投资者的致富密码。

26. 好公司犯错误时，往往是买入的机会

金融学研究一个投资的业绩表现时，通常会把投资收益的来源分成选股能力、择时能力和资金管理等几个不同的维度。很多人在评估基金经理的投资表现时，尤其会关注他们在选股配置和买卖时机等方面的投资表现。不过，如果用这个标准去分析段永平的投资组合，似乎解释性并不强。

一般来说，专业的投资人在构建投资组合时，往往会构建出一套十分严格的选股、择时以及短线交易的规则，基金经理们致力于挖掘个股盈利的趋势，对行业的景气度持续地追踪，在不同时间周期维度下寻找最佳的买点和卖点，试图寻找出一套可以复制且稳定盈利的交易系统。然而，段永平似乎并不存在这样一套严格的投研及交易规则。

段永平不止一次强调过，自己对宏观经济不做任何追踪，更不会根据行业配置自己的股票，就连我们常说的选股和择时，他也会谦虚地指出自己并不擅长。有粉丝十分好奇，段永平会不会刻意主动寻找市场上价格低估的投资对象，段永平却告诉他，自己选股十分随缘，基本上属于"守株待兔"，除非某些特殊的原因出现在他面前，否则自己绝不会主动花时间寻找。对于"选股能力"，段永平也明确表示："我选股不厉害，是业余级的，花的功夫太少。"

在谈到投资的择时能力时，段永平依旧十分"佛系"地说："择时非常难，我非常不擅长。"他自己只是会在公司的某些"靴子"还

没落地之前暂缓投资，除此之外并不会过多在意买卖的时机。作为一名满仓主义投资者，他只考虑"喜欢的公司股价大掉的时候，非常舒服地把钱放进去"，索性把资金管理、仓位配置等繁琐的环节全部省掉。显然，评价段永平的投资能力时，并不能从选股、择时和资金管理等常规角度做简单的归因，更不能把他惊人的长期回报总结为某项单一的"长板"，那么段永平投资能力的奥秘究竟在什么地方呢？

生态学的物种存活理论有这样一对概念：R 策略和 K 策略。R 是英文"Rate"（概率）的缩写，有的物种个体存活率低，寿命也很短，为了实现物种的持续繁衍，通常会采用"以多取胜"的竞争策略。比如说，老鼠、蚂蚁、蚊子等生物，采用的正是这种物种延续方式。而 K 指代的是"King"（国王），这类生物每个个体的生命力和竞争力都十分顽强。大王只需要一个，个个都能"以一敌百"，而采用 K 策略的老虎、狮子、猩猩等，每次繁衍的数量不多，但足够保证物种的延续。

任何一种生存策略，都是物种适应环境的结果，投资也不例外。在激烈的股票市场当中，包括机构投资者在内的大部分投资者，会采用分散持股的理念，他们投资股票的数量庞大，与此同时，还会借助严格执行选股、择时以及风控的标准化规则，尽最大可能提升整体交易的"胜率"。从某种程度上来讲，投资者的"择时能力"和"选股能力"，也仅仅是 R 策略的"生存概率"的比较而已。这套评价方法对段永平之所以是失效的，本质上来说是因为段永平用的是"K 策略"。

我们知道，段永平投资的二十年时间里，并没有针对择时和选股的方法下太多功夫，而是不断打磨自己对好公司"优中选优"的标准，他并不在意选出的股票和买卖的时机是否做到了较高的存活概率，但他务必要确保选出的每一家公司都是"国王"。在这套标准下，投资策略的"概率高低"无足轻重，每家好公司在长期来看的"存活寿命"才是第一位的。

有的投资者认为，段永平"只投大王"，和他主要在美国的资本市场做投资有很大关系。在他们看来，美国的资本市场公开透明、监管严格，还有严格的退出机制，让优质上市公司有序新陈代谢。与美国相比，A 股的监管环境和对中小投资者的保护并不到位，投机氛围浓烈，好公司的价值似乎难以被发现，因此段永平的投资策略并不适用。在"A 股赌场论"仍有市场的今天，段永平的"大王策略"是否适合中国市场？适合处在弱势地位的普通股民呢？

一直以来，段永平并不相信所谓的"A 股赌场论"。在他看来，"要不要投资好公司"和"市场环境适不适合好公司生存"完全是两码事，从公司的角度看，A 股并不缺乏好公司，而美国也不缺烂公司。而从交易者的角度看，投机的人在哪个市场最终都会选择投机，美国同样也有大把喜欢投机的赌客。A 股赌场论，充其量只能说明 A 股当中做投机的比例更高罢了。而"要不要投资好公司"，其实是一个人投资时的价值导向，用合适的价格投资好公司，在任何市场都是通行的。

而段永平锁定好公司的"大王策略"，不仅适用于 A 股，也适用于任何一个财富等级的市场投资者。在很多人看来，他们手里的资金规模有限，对好公司好生意的认知也没有那么深，相比之下他们更倾向于认为，价值投资要么只适合机构投资者，要么适合知识和财富储备双双过关的"大户"，对他们来说，看懂好公司简直是奢侈品，还不如跟随市场的波动，从而赚些能力范围内的"小钱"。

价值投资究竟是不是一部分"有钱人"的专利呢？段永平并没有把价值投资的理念束之高阁，在他看来，越是普通的人，越是要从投资好公司开始，一步一步践行价值投资的理念。就连他本人都说，"大规模的资金都是从小规模发展过来的"，巴菲特也是从一个只有 20万美元的"小散"，靠着投资好公司一步一步达到今天的规模。有时往往资金规模越小，越能发挥"船小好调头"的优势。

段永平并不鼓励资金不多的投资者买入苹果这样的"顶级好公司"，之所以不鼓励，是段永平出于对这类投资者"能力尚未匹配"的担忧。在他的观念中，资金多寡并不是真正的问题，他们对投资的理解不够才是最大的隐患。很多小的投资者，对投资的概念尚未完全建立，不理解伟大企业十年后的"终局"，如果着急"一口吃个胖子"，很容易被大资金"震几下就出局了"，最终还会堕入"市场先生"编织的陷阱。对于这些"心有余力不足"，想投资好公司但却"使不上劲儿"的小投资者，反而要"天下难事必作于易"，尽量从一些自己有能力看得懂的好公司开始练手，不要贪多求快，失去耐心。

人人都可以成为"大王"，但务必要"缓称王"。每个投资者皆可拥有好公司带来的财富，这是段永平布施给所有投资者的信心，但他也不忘告诫每一个投资者，在成为王者的路上，能力和欲望一定要"均衡发展"，慢就是快。

第七章

商业模式

在分析商业模式时，段永平会先把目光聚焦到产品上，在他看来，"好的商业模式一定要有好的产品"。茅台是高端酱香白酒之王，品质和口感自然是公认的。段永平给茅台产品的评价也很直截了当，那就是"好喝"。他平日几乎不碰白酒，但茅台会偶尔勾起他想喝酒的冲动，甚至在 2013 年，段永平还带领手下员工"团购"了 3 吨茅台，从去酒厂拉货到货品封装，他们都全程微信直播。

27. 生意模式越好，投资的确定性越高

2022 年 10 月，对贵州茅台来说，是命途多舛的一个月。很难想象，作为 A 股市值最大的上市公司，股价从 1901.99 点以接近"自由落体"的方式跌落至最低 1333 点。单单国庆节之后的四个交易日，茅台的市值缩水 2173 亿元，接近西藏 2021 年一整年的 GDP。

"茅台的神话终于破灭了"，市场对茅台的预期一度跌入冰点。然而这一次，段永平不出意外地对茅台逢低建仓。熟悉段永平持仓的朋友都知道，茅台股价一跌，但凡他手里有现金，肯定会把茅台当作加仓的首选。他承认，苹果跌得多的时候他一定会买，茅台经常会，腾讯有时候也会。

逆势投资茅台，是段永平的一个"标准动作"。从 2012 年开始，他以 120 ~ 180 元不等的价格，相继购入茅台。彼时茅台的情况并不比 2022 年乐观。当时，白酒行业内出现塑化剂风波，作为"酒中之王"的茅台也被推上了风口浪尖。虽然最后证明此次风波是境外势力策划，但股价不免受到拖累。事实证明，段永平的"抄底"时间卡点，也是近十年来投资茅台的最佳时间点。

不可否认，在很多人眼中，段永平非常善于"富贵险中求"。不论是 2013 年的塑化剂风波，还是 2022 年市值缩水，在段永平看来，买茅台和存银行似乎并无二致，甚至要好过存银行。最早购入茅台时，段永平就表示"在 A 股上很难找到能看明白 10 年或以上的公司"。

而到了 2023 年，段永平的看法仍未动摇，他依旧认为"10 年后看，（持有茅台）大概率会比拿着现金或存银行好"。要知道，段永平做了整整十年的茅台"股东"，却从未与茅台的任何高管见过面，他敢放心大胆地持有茅台，要完全归功于他对茅台商业模式的信任。

先说一说段永平对商业模式的要求。商业模式又称"生意模式"，它不需要一个教科书式的定义，无非就是一家企业赚取净现金流的方式。同时他认为，对于价值投资者来说，要投资商业模式好的企业，是因为这样的企业投资的确定性高，风险也低，长期还能产生令人满意的净现金流，能为身为股东的长线投资者创造不菲的收益。不过段永平在实践中也发现，真正好的商业模式是非常少见的，能达到"高确定性，赚很多钱"这一标准的商业模式更是万里挑一，而茅台是 A股当中，唯一符合段永平"好的商业模式"标准的企业。

不过，好产品只是好商业模式的基础，段永平更看重好产品是否有差异化。段永平在描述他看好茅台时，很重要的一条便是茅台的差异化属性。他观察到，在白酒行业里，很少有新品牌能随随便便做大做强。所以他得到了一个结论："不是卖酒的都能成为茅台。"

为何别的酒很难成为茅台，这得益于茅台得天独厚的许多条护城河。第一，茅台有风味的护城河。茅台镇地理位置极其特殊，在赤水河之外，很难找到与之类似的独特风味。第二，茅台有工艺的护城河。它始终坚持不改变酿造配方和工艺。第三，有产量的护城河。茅台酒每年产量有限，不受保质期限制。第四，有品牌的护城河。茅台酒在国内的认可度非常高，一度是普通老百姓难以企及的高端白酒，这也让茅台具备了很强的阶级定序的功能。

不过，2012—2014 年，市场并不像段永平这般极度看好茅台的前景。这 3 年时间里，茅台利空频发，除了塑化剂事件、假酒问题之外，全国还刮起了反腐风暴，国家严格限制"三公消费"。事实上，"限酒令"当时已经打击到了茅台的终端销售，于是有人担心，茅台所仰仗的公务和商务消费会长期走向低迷。而从长远来看，白酒已然是存量市场，人们担心年轻人不喝茅台，是否会造成茅台增长后劲日渐乏力？

人们对茅台前景的担忧不无道理，但段永平的思考方式却是"用长期打败长期"。

2013 年，段永平表示过，茅台的销量出现大幅度的下滑可能性很小。长期来看，只要茅台解决了假酒问题，销量甚至还会上升。他认为，茅台之所以销量盘很稳，本身还是茅台酒够好喝，即便是未来喝白酒的人减少，但是喝茅台的人很难减少，人们会倾向于少喝酒和喝好酒。

茅台的商业模式，具备很多企业尤其是制造业企业所不具备的一个特点，那就是"库存价值"。深耕消费电子行业的段永平发现，茅台的生意模式有"不怕库存"的特点。茅台酒没有保质期的限制，年份酒甚至时间越长对企业的估值越有利，所以不会存在电子产品行业害怕更新迭代速度太快、库存积压导致盈利折价的问题。因此，他清醒地意识到，反腐导致的销量下跌虽然短时期会减少销量，但长期来看意味着年份酒的数量会上升，对企业的长期估价反倒是个好消息。

此外，段永平还谈到过茅台的"预收款"问题。2013 年，国家限制"三公消费"时期，有网友发现茅台的预收款出现明显下滑，是否说明茅台的销路出毛病了？段永平给出的答案却是："如果明白大部分生意实际上是没啥预收款的时候，人们会很喜欢茅台的。"在他看来，短期预收款的正常波动不能说明太多问题，但是从茅台有大量预收款这个事实本身，就能看到产品销路的紧俏，胜过了大部分的企业。

从这几个角度不难理解，为什么段永平认为投资茅台，本质上就是一笔"低风险、高收益"的安全投资。因为茅台自身有着产品不可替代的属性，以及商业模式中难以撼动的特性，让产品能够稳健地制造超过通货膨胀的长期收益。

从中我们会发现，段永平对商业模式的理解，不仅仅是关于产品本身"看得见"的方面，他更在乎的是产品背后"无形的力量"。这种商业模式里"看不见、摸不着"，却无处不在、至关重要的方面，才是能让企业永续增长、长期盈利，同时像茅台一样成为安全资产的最重要的因素。

那么，如何理解段永平看待商业模式中的"无形力量"呢？我们来看苹果的例子。由乔布斯带领苹果上下研发的 iPhone，的确是一款用户体验感极好的产品，销量在全球一度位列第一。但如果苹果更换领导人，或者在某一个时期 iPhone 销量下滑，这是否意味着苹果的基本面出现问题呢？这些疑问出现在段永平开始购买苹果股票的 2021年，但段永平发现，当他想通了苹果的商业模式具备单一产品模式和平台生态的特点之后，就发现苹果的护城河是稳固的，苹果未来仍能保持一种惯性的增长，而这正是他关注的商业模式当中最重要的部分。

28. 商业模式要永远在"第一顺位"

"生意模式是最重要的。对这句话,我大概想了好几年。"

2012 年 6 月,段永平发布了一篇网易博客,此时段永平正好入行 10 年。为此,他在这篇文章里大致整理了入行投资 10 年以来,对投资的理解和感悟。这时距离他和巴菲特共进午餐,已经过去了快 5 年的时间。说起巴菲特对他投资的影响时,段永平是这样总结的:"在巴菲特那里,我学到的最重要的东西就是生意模式。巴菲特当时告诉我的这句话,现在已经值 100 顿饭了。"

在认识巴菲特以前,段永平与很多价值投资者一样,在了解和考察一家公司的投资价值时,会参考其商业模式的好坏。只不过对他们而言,商业模式好,充其量是一个"加分项"。除了商业模式之外,很多投资者决策时还会统筹考虑宏观环境、行业特性、管理层能力、估值高低等诸多因素。大家普遍认为,一家公司的商业模式只要大差不差,在所在的行业当中有自己独特的竞争力,这样的公司同样也属于好公司。早年间,对"商业模式"在投资中的作用,段永平有过这样的思考:

"以前我对商业模式是没有那么重视的,只是众多考虑之一。认识老巴以后,我买的苹果、茅台,包括腾讯,都有老巴的影响在里面,尤其是一直拿着这点,和老巴绝对密不可分。另外,从那以后,市场对我的影响逐年下降到几乎没有。如果能够重来的话,那我肯定会更

早地去赢取那个机会。"（2020-10-15，段永平的雪球账号）

在与巴菲特结识之前，从段永平投资的几家企业里，不难发现他对商业模式重视程度的优先级。

2005 年，段永平重仓 A 股的房地产市值第一的万科。段永平之所以选择万科，理由有很多：首先，从行业的角度看，2005 年是地产"黄金十年"的起点，国内城镇化刚刚起步，地产发展的前景十分广阔，而万科在当时早已是"市值"和"销量"的双料冠军；其次，段永平对万科的创始人十分信任。他多次公开表示，自己与王石本就相识，而王石身上的企业家精神和诚实的品质是段永平极其欣赏的。虽然当时万科麻烦缠身，但段永平始终认为，在当时的房地产企业中再也找不出比万科"健康度"更高的企业。

此外，段永平当时经过一番"毛估估"，认为万科的内在价值有200 亿美元，但是这个价值却被市场严重低估了。他投资万科时，股价一度跌到 1 美元以下。投资万科，于当时的段永平来说是一桩"一块钱买两块钱的东西"的买卖。但从段永平的决策逻辑上看，当时他看重万科，对其商业模式的认同还未上升到"苹果时代"的高度。我们从段永平对万科的发言，不难看出当时他的真实意图：

"我本身对房地产不熟，很久没看过万科和房地产这个行业了。目前中国人口老龄化问题似乎在加重中，不知道对房地产未来有什么影响。"（2019-03-14，段永平的雪球账号）

"没关注过。自从满仓茅台后，一直处在骄傲自满的状态中，没太认真看过别的公司。你觉得应该卖了茅台买万科么？"（2020-06-20，段永平的雪球账号）

其实，段永平对万科的"态度"之所以一百八十度大转弯，并不是他观测到地产行业的基本面变差了，更不是万科不再好了，而是他把商业模式的重要等级上升到了"第一顺位"，商业模式对他来说已经从一个"加分项"变成了"一票否决项"。段永平整整用了五年时间，真正理解了巴菲特这句话的真实含义。

首先，段永平发现了，不同公司的商业模式之间是存在好坏次第的，不同生意之间赚取现金流的难易程度存在天壤之别。有的企业在其所在的行业即便已是绝对的龙头，但因为行业赚钱模式的缘故，也不能称其为好的商业模式。比如，段永平不止一次把步步高当作商业模式的"反面教材"，每当有粉丝对步步高称赞有加时，段永平会当面指出步步高的商业模式有问题，不值得投资。在段永平看来，步步高所处的电子制造业，天生就不利于诞生优秀的商业模式。他认为，制造业最大的挑战是"优不胜"。

制造业企业的最大问题在于，厂商之间产品很难做到差异化。这意味着，为了维持竞争优势，厂商要么必须通过技术创新创造出"时间差"，要么必须打价格战，在存量市场中抢蛋糕。这种"内卷"必然会严重抵消制造业企业的利润空间。即便是厂家突出重围，在行业里做到了第一第二，也必须在制度管理、科技创新、成本控制、企业文化等方面持续发力。和苹果、茅台相比，他认为制造业并不存在护城河。

段永平对制造业模式好坏的评价是客观公允的。他并没有因为自己出身制造业，就对制造业的赚钱模式盲目唱多。曾经体会过制造业的"挣钱不易"，所以在投资制造业企业时，段永平真正做到了"懂而不投"。比如，他一直很欣赏格力、创维，称其为各自所在行业的"佼佼者"。虽然他对公司的文化和管理层的能力很信任，却很少听见段永平再度购买这两家公司的股票；再比如，2022年新能源投资如火如荼，但他还是卖出了特斯拉，很大程度是觉得特斯拉的制造业生意模式并不是最优选。

把商业模式上升到"第一顺位"，段永平在找公司时发现了一个轻松的窍门。他会把商业模式当作一个"过滤器"，如果发现一家公司的商业模式不过关，与苹果、茅台、腾讯相比高下立判，段永平则很少会投入精力。投资应该严格遵循"二八法则"，把研究的精力和有限的资金，用在找出拥有最好商业模式的公司身上。

"过滤器"不仅帮助段永平节省时间，还让他能快速过滤市场的噪音。比如，光伏行业在过去十年是中国最具代表性的全球尖端行业，也是资本市场热衷追逐的一个热点题材。光伏行业这几年的科技创新成果十分密集，电池的光电转化效率更是不断突破，光伏产业从硅料、电池组件到应用系统等，都如雨后春笋般地涌现出大量有全球竞争力的企业。很多次有人提示段永平，不妨投入一部分时间，从光伏行业中寻找出一匹"价值黑马"。可惜被市场追逐的光伏，最终没能从段永平的"过滤器"顺利通过。

除了上述制造业的通病，光伏行业一个大的弊端，就是厂商之间为了维持竞争优势，必须依靠大量的资本开支。段永平有一个观点：资本支出大的行业，很难诞生出好的公司。制造业的很多企业，为了持续保持技术和市场的竞争优势，被迫走向重资产运营、加大资本开支的路子。从过去光伏行业"首富"的迭代史不难看出，过度依靠大量资本投入的模式，不仅对企业自身的经营有风险，而且长期来看企业也难以产生令人满意的净现金流。我们发现，段永平一直会刻意回避很多"重资产"的企业，比如顺丰、京东物流、特斯拉等。

投资过苹果、茅台、腾讯这"三板斧"，段永平尝到了投资顶级商业模式的甜头。自此之后，段永平对其他公司的商业模式更是演绎了投资版的"五岳归来不看山，黄山归来不看岳"。

29. 特别好的生意模式是非常少见的

"请问段哥，小资金的投资者挑选生意模式，是不是可以不用那么严苛？"段永平的回复却是："你的想法，其实也是维持小资金比较有效的方法。"

这段调侃是典型的"段式幽默"，不过我们不难发现，段永平对商业模式从一而终地表现出苛刻与坚持，这位"中国巴菲特"挑商业模式的眼光正是巴菲特的"挑女婿"，永远是奔着"少而精"去的。在他们看来，看懂、找到、最终买入持有具备好的商业模式的公司，就是投资中"把事情做对"最重要的方面，必须小心谨慎、宁缺毋滥、取法于上，透过数字的表象去感受公司的重量。

我们知道，段永平的投资始终坚持集中优势兵力的"二八法则"，他之所以是一个满仓主义者、长期主义者、集中主义者，是因为他很早就看到：从主观上来看，一个人能看懂的商业模式是极其有限的，看懂一家公司的商业模式不会比读一个本科容易，所以必须严格恪守"能力圈"的法则；从客观上看，段永平认为："特别好的生意模式更是非常少见的。"这似乎与我们投资时的感受并不一样。所以我们看到，从 2011 年以后，段永平迄今为止重仓持有的公司只有茅台和苹果，即使是腾讯，段永平坦言也只占到了自己仓位的 1%，因为它的商业模式中仍然有一些自己看不明白的东西。

为什么段永平分辨商业模式，能做到如此之"少而精"？其实这背后都和他一整套严格的"挑女婿"的标准有很大关系。

第一，好的商业模式必须建立在"长坡厚雪"的用户需求上。

段永平在点评公司时，很少提及行业规模和成长空间，却默认一点：好的商业模式，必须要能覆盖尽可能多的潜在用户，必须要贴合用户的真实需求。这正是价值投资者常说的"长坡"。比如，评价茅台时，段永平说"酒给人带来快乐，如果你的字典里有'快乐'，你会明白的"。谈到网易时，段永平更是难掩其溢美之情，他说"有谁不玩游戏呢？大家玩不同的游戏而已"。当然，有些行业在很多人眼中看似前景无量，但如果没有"长坡"，用户基础太薄，也是十分危险的。

"不追求量，并不是认为量不重要。不追求量的前提，是你认为这个市场有需求，不追求量的意思实际上是不为追求短期的量而做不对的事情。"（2016，段永平的雪球账号）

2021 年下半年，"元宇宙"概念在二级市场上爆火，但段永平却冷静地提出质疑。他表示，自己曾经体验过虚拟现实的产品，可惜的是，目前的产品离"打动人"还很遥远，而这个趋势在未来一段时间很难被改变。所以，段永平对"元宇宙"的发展一直是持保留的态度，因为在他看来，用产品教育客户是最难的，要顺应用户的底层需求。

相比"长坡"，段永平更看重的是"厚雪"，也就是在雪道上长期维持强大的赚钱能力。他说过一个有趣的比喻："虽然打雪仗也需要厚厚的雪，但大概率没有办法形成大大的雪球。"过去，段永平经常调侃拿"性价比"当噱头的企业，他认为追求"性价比"，大多是在为自己的"低价"找借口，长寿的公司都是不太强调性价比的公司；而那些表面上看起来"高价"的产品，实际上"性价比"并不低。

他很清楚地知道，老百姓的心里是有杆秤的，大家都知道"好货并不便宜"的道理。对于一些追求性价比的企业，或许公司的护城河不强，靠价格战才能树立市场地位的企业，段永平自然认为这样的企业不具备长期的投资价值。

第二，好公司站在"长坡厚雪"之上，好的商业模式，还需要通过极具"差异化"的方式，满足用户的各类需求。

有的行业，虽然市场规模极其诱人，放到未来十年，市场空间的增长极具想象空间，但"有增量"和"能赚钱"是两码事，好的商业模式必须是盈利能力强的商业模式。段永平认为，一家公司的商业模式好，产品一定要有"差异化"，苹果如此、茅台也如此。什么是差异化？段永平认为，产品就是要能提供"人无我有，人有我优"的价值。

没有差异化的产品是很难长期赚到大钱的。苹果之所以赚到大钱，是因为苹果是卖 iPhone 的，其他同理。简单讲一下差异化：就是用户需要但其他竞争对手满足不了的某些东西。

有的公司所在的行业，虽然不缺市场规模，技术始终也在不断创新，具有开拓精神的企业家更是不计其数，但是囿于行业自身的局限，要想开发出有差异化的产品是极其困难的。比如，段永平在举例什么是好的商业模式时，经常提到一个反面对照的例子，那就是航空业。他认为，航空业之所以很难出现好的商业模式，问题的症结其实都出在航空公司的产品很难满足"差异化"上。段永平举过这样一个例子："从北京到广州，不同航空公司的票价，我猜几乎是一样的。"这样的行业竞争到最后的结果，竞争策略只能是以价格足够低取胜，同时消费者对于缺乏差异化的产品，最后只会一味"贪图"性价比，品牌自然很难有很高的毛利空间。

反观段永平投资的"三板斧"——苹果、茅台、腾讯，无一不是靠产品"差异化"制胜的最好佐证。比如，段永平是这样评价苹果的，他说：人们经常换手机，是因为手机之间的差异化非常小，但是习惯用 iPhone 的人不大可能因为别的手机便宜一点而去更换。这是因为，苹果的可替代性很小。茅台也是同样的道理，首先，它的口味在酱香白酒里是最独特的，同时，茅台本身的文化认同和特有的阶层属性，让他在口味众多的白酒中拥有不一样的价值，自然会有很多消费者愿意为其付出超过行业均值的价格。

所以，段永平在分析产品时，与其说他看重"长坡"性，倒不如说他更在乎产品是否更加"厚雪"。而一款产品是否"厚雪"，本身就是取决于到底有没有足够强的差异化属性。

第三，企业的产品具备差异化固然很重要，但更重要的一点，是企业是否存在某种体系和机制，确保它能长期、持续、稳定地向用户提供差异化的产品，这样的企业少之又少。

这个体系和机制，其实就是价值投资者最常说到的护城河。对于护城河，段永平更是把它视作商业模式中最重要的一部分。护城河这个概念，最早由沃伦·巴菲特于 1993 年在其致股东的信当中首次提出。他当时在谈到可口可乐和吉列剃须刀时，把这两家企业在全球销量和份额的提升，完全归功于一种无形的"护城河"的力量。他认为可口可乐之所以能畅销，背后借助的是其品牌威力、产品特性以及销售的实力所构筑的"堡垒"，一方面让竞争对手很难攻破，另一方面也能让企业具备一种"永续运作"的能力。

后来，帕特·多尔西（Pat Dorsey）在他 2009 年出版的著作《巴菲特的护城河》（The Little Book That Builds Wealth: The Knockout Formula for Finding Great Investments）里，把商业护城河分为四大类，分别是无形资产、转换成本、网络效应和成本优势。他认为，一家企业只要拥有其中一种或者几种，就能具备难以超越的竞争优势。然而，段永平对护城河理论有自己不一样的理解。在他看来，护城河有很多，但是那些"需要反复开挖的护城河，并不是真正意义上的护城河"。

比如，段永平眼中，所谓的具有"成本优势"的企业，就达不到护城河的标准。雪球上曾有人问段永平："比亚迪的护城河应该是成本优势，而且是比较重要的护城河。你认为呢？"他如是说道："我还没见过成本优势可以成为'护城河'的，很少有企业能长期维持低成本的，制造业好像没见过。而且靠自己产品卖低价的企业就很难有长久的，至少我没见过。"很多市场上的观点都认为，比亚迪这家公司在新能源汽车企业中，是一家靠着成本竞争取胜的企业，它有 80%

的零部件都靠自己生产，在车辆的成本控制上一直有自己的优势。而在用户价值方面，比亚迪也一直在走低价竞争的路线，它的性价比，在很多中低端新能源车企业当中，一直保持领先。但这种靠着自主控制零部件、低价走量，在新能源汽车的草莽时代突出重围的企业，能称得上是拥有"护城河"吗？对比能提价的茅台和特斯拉，谁更能维持这种长期的护城河？

30. 好的生意往往具有很宽的护城河

投资者获取超过市场投资的收益的方法有三种：选股、择时和资金管理。

用这个标准去理解段永平的投资体系似乎并不奏效。一方面，段永平本人并没有一套严格意义上的选股和择时的规则；另一方面，段永平本人也多次强调自己并不擅长选股和择时。

以选股为例，段永平在 2011 年就明确表示过"我选股不厉害，是业余级的，花的功夫太少""我一般不太选股，除非某只股票由于某种原因跳到我的眼里。一年有一次机会就好了"。虽说段永平到最后买的都是好公司，但他对传统意义的选股规则并不依赖。再说择时，段永平更是谦虚地指出："择时非常难，我非常不擅长。"甚至作为一个满仓主义者，他几乎不强调自己管理，更喜欢在他"喜欢的公司股价大掉的时候，非常舒服地把钱放进去"。

凭什么选股非常"看缘分"，又非常不擅长择时，更不钻营资金管理的段永平，却在做价值投资时，能实现让无数投资者羡慕无比的超额收益呢？

一般来说，市场主流认为的选股、择时和资金管理有一个统一特征，那就是基于市场走势的短期表现，寻找出符合某一投资策略的最佳组合配置，通过优化买卖时机及仓位调整，有效实现收益的最大化。但段永平投资理念的核心是投资具备未来现金流价值的伟大公司，只要以较高的仓位投资一家未来收益呈现指数型增长的公司，并且做到严格长期持有，便能取得"四两拨千斤"的效果。以生态学的物种存活理论相对比，主流的选股、择时技巧是以策略的"概率"取胜，通过分散投资，再通过快速迭代"高数量，低存活率"的持仓组合，可以获得超过市场平均回报的收益；但是这种"有招"的规则，相比段永平"低数量，高存活率"这类"无招"的策略，便不需要有形的具体的选股和择时的规则。

然而，段永平"无招"的本质就在于他保证了投资标的的"高存活率"。投资标的"高存活率"的背后，看似没有复杂的选股和择时的规则作为支撑，但他对生意模式的高度重视，其实正是最核心的"选股"和"择时"规则的高度统一。我们从段永平对优秀的商业模式的筛选标准中，很容易捕捉到这种选股和择时的统一性。段永平有过自述，他在辨别一家公司的商业模式的过程中，经常会关注以下三个方面：

第一，段永平会关注一家公司的护城河是否坚固。段永平对于"护城河"的概念有自己一套独立的理解方式，他认为护城河是企业长期维持的差异化。在他的心目中，护城河有次第好坏之分，好的护城河必须是一劳永逸，管的时间越长越好，一条需要反复开挖的护城河等于没有护城河。从这个角度，我们不难看出，挑出有护城河的企业，表面上看似是一条捕捉好公司，甚至是排除不好公司的硬条件，但目的实际上却有很强的"择时作用"，它能让段永平很长一段时间内不必纠结合适的卖点。

例如，宁德时代是近几年新能源电池领域的龙头股，从2020年以来股价一路高歌，2021年12月股价最高达到691.35元，是疫情后少有的"十倍股"，还被股民朋友亲切地称之为"宁王"。有人认为，未来电动车的渗透率不断提高，增长规模远超十倍，而宁王作为龙头，十分符合段永平的对好公司的价值投资标准。对于这样一支2021年市盈率动辄200多倍，被各路机构投资者高调唱空的新经济标杆企业，段永平却并不感冒。不管是谁把他所谓的好公司放到段永平眼前，段永平都会先看商业模式、评估护城河。在他看来，虽然宁德时代所处的行业增速快，凭借龙头地位在电车电池领域成本优势明显，但段永平根据他和硬件产品打交道的直觉，便断定这类产品的差异化极小、产品变化的速度极快，建立护城河是有很大难度的。

段永平给出这番结论是在 2019 年 4 月，后来 2021 年年底宁德时代股价翻了好几倍，有人质疑段永平的判断是不是出错了，是否他又错过了一只增长潜力巨大的成长股？但时间一晃而过到了 2022 年，宁德时代股价距离最高点跌去了将近 50%。从基本面来看，宁德时代的内部困局，本质上应验了段永平所谓的"反复开挖护城河"一说，为了维系企业的高增长和技术领先地位，宁德时代的资本支出极高，2021 年底杠杆系数达到了惊人的 75.12%，而锂电池的降本增效要求极高，也倒逼业内的技术路线革新加速"内卷"，宁德时代是否能在下一代革新中占领先机，局势并不明朗；此外宁德时代看似垄断地位稳固，但并不具备所谓的"加价能力"，此前与宁德时代合作的车企因为忍受不了其过高的电池价格纷纷选择寻找"二供""三供"。后续甚至传出，蔚来、小鹏等"造车新势力"企业为了提高成本控制能力，意欲切入上游锂电池产业链。在危机之下，宁德时代的护城河似乎并不稳固。

以宁德时代的商业模式显然并不适合段永平"封仓十年"放心持有。正如段永平所述：

"不好的生意模式也是有机会在一段时间里赚钱的，但赚起来累，效率差，持久性不好。需要用很多人（相对营业额和利润而言）是不好的模式的一个特征。另外，短期内增加很多人往往也是很危险的（比如一年内在一万多人的基础上增加两万多人），当然有些公司可能会是例外，虽然我还没见过例外。"

此外，段永平审视商业模式的价值时，尤其注意盯毛利率和长期的净现金流两个指标。长期可持续的护城河是"因"，长期可维持的差异化决定了产品的不可替代性，从财务指标上看，毛利率必然能够长期维持高位；企业在拥有了足够强的定价权之后，毛利率甚至有继续提升的可能。而从长期来看，这样的企业短期可能不赚钱，但放在10年的发展角度来看，长期必然能够产生极高的净现金流，这便是"护城河"种下的"善果"。

这就是为什么段永平在分析商业模式时，尤其关注一家公司的产品是否具备足够强的"涨价能力"，不论是游戏产品、苹果、茅台这些段永平已经投资的公司的产品，还是他本人十分认可的片仔癀，都具备很强的涨价能力。在段永平看来，涨价能力是商业模式中占据主动优势地位非常重要的"先手棋"。

从结果上看，好的商业模式在长期来看，必须是长期能赚很多钱的公司，具备好的商业模式的伟大公司，现金流（利润）必然是碾压大部分的公司。比如，有人曾经在段永平面前扬言，腾讯的商业模式比苹果还要牛，但段永平通过长期的现金流指标，就判断出了腾讯和苹果的高下。他说，苹果一年的利润比包括腾讯在内的所有互联网公司赚的钱综合起来还要多，那么，有什么理由认为腾讯的模式更好呢？

第八章

企业文化

　　段永平有句名言："如果你在小事上无原则，那么大事上很可能一样无原则。"这种"小事"还不止阿里巴巴这一个故事。比如，段永平卖出网易时，透露的理由是"丁磊就是个大孩子，那么多钱放他手里我不放心"。他在特斯拉大跌前卖出看好的股票，给出的理由是认为埃隆·马斯克这个人经常"言行不一"，看似都是小事，但背后却体现了对这些企业文化的极度不信任。

31. 商业模式像马，企业文化像骑师

"阿里变成让自己的天下没有难做的生意。"

2019 年 6 月 11 日，段永平的一则社交媒体的公开发文，让半个投资圈立刻炸了锅。段永平称，他清空了手上持有的阿里巴巴的股票，给出的理由，是阿里巴巴的企业文化出问题了。要知道，从 2010 年起，段永平在博客上一直公开表达对阿里巴巴的企业文化的称赞，他甚至把阿里视为中国企业做企业文化的标杆。要知道，当时阿里巴巴的股价并不低，为何段永平宁愿冒着"言行不一"的风险，也要果断放弃对阿里的持仓呢？

原来，段永平当时在浏览新闻时，偶然注意到这样一条消息：卖出阿里巴巴之前，正值电商行业一年一度"618"大促的"备战期"，京东、阿里、拼多多等多家电商平台为了保住各家的电商成交额，明争暗斗打得不可开交。阿里出棋的方式，便是利用自己电商份额第一的优势地位，强迫商家端主动切断与其他电商平台的合作，也就是后来被媒体所曝光的"二选一"。要知道，阿里巴巴企业的愿景，就是"让天下没有难做的生意"，段永平欣赏甚至愿意持有阿里巴巴的理由，也正是因为它的这条愿景，而后才决定重新开始研究阿里巴巴。但是，盈亏同源、喜恶同因，历来注重"听其言，观其行"的段永平在听闻这条消息之后，放弃了对阿里的持仓。

事后对于段永平的这一"反应"，市场上有很多异样的声音，有

人说"二选一"在电商领域是一个横行已久的潜规则，"阿段"只不过刚知道而已；还有人说，"二选一"不是为了阿里的利益才做出的选择吗？最后对阿里的业绩和股价是有好处的，为什么"阿段"会因为企业文化放弃这样一家好的企业呢？

"二选一"是一个开始，而之后股价的表现也验证了阿段"走一步，看十步"的强大预见能力。2020 年 9 月，阿里巴巴进入"多事之秋"。当时蚂蚁金服冲击上市，但该计划很快被证监会叫停，这项被称为人类历史上发行规模最大的史诗级 IPO，因为涉及金融风险的问题突然陷入中断，阿里的股价因此开始一路下行。如果段永平一年前没有离场，当时定然会遭遇巨大的损失。一年后，国家开始对平台经济大力整治，明确要给互联网资本设置"红绿灯"，此前"垄断"行径被大量曝光的阿里巴巴，在这次"整顿"中更是首当其冲，股价持续大跌，一蹶不振。2021 年 4 月 10 日，市场监管总局依法责令阿里巴巴停止"二选一"的违法行为，并处罚款共计 182.28 亿元。

之前那些认为段永平"小题大做"的人，这才突然意识到段永平已经平安躲过一劫，提前清退阿里的持仓，的确是料事如神。其实，段永平并非能预测后续事态的发展，但是把"文化"当作投资指挥棒的段永平，早已见微知著。他并不知道阿里巴巴未来具体会发生什么，但他知道阿里巴巴一定会发生什么！

段永平是一个十分注重"空谈"的企业家和投资人。他在公开分享企业和投资的成功经验时，并不喜欢公开一些具体落地的战术打法及实际经验，而是喜欢把许多"无形"的、难以捉摸的概念挂在嘴边。

比如，有人问段永平，步步高的核心竞争力到底强在什么地方？段永平给的答案是"企业文化"。诚然，在 20 世纪 90 年代步步高初露锋芒时，企业文化更多是经营层写在纸面上，向员工和客户对外展示的一种宣传手段，真正把企业文化当日常经验管理的一项任务来抓的企业寥寥无几。所以，当段永平说"企业文化"是步步高成功的秘密时，很多人并不能马上理解为何段永平如此"务虚"。

段永平的"务虚"同样也表现在投资上。在谈到自己和巴菲特的投资方法的差异时，段永平思考片刻，说他会比巴菲特更加看重一家公司的企业文化。

他转战投资领域的这 20 多年里，投资了几十家企业，而他本人认为其中最能代表个人投资特色的企业其实是通用电气。很多人以为段永平投资通用电气是看中 2008 年金融危机股价太便宜，可当时市场遍地都是被严重低估的股票，段永平选择通用电气，还是因为他对"企业文化"的了解。

遗憾的是，段永平把虚无缥缈的企业文化当作秘密公开时，愿意相信的人很少，知道如何实践的人更是少之又少。一方面，"企业文化"比起"商业模式"而言，标准是主观的，感受是虚幻的，比起公司股价和财报业绩这些可感知的数据指标，一家公司文化的好坏本身难以客观定性。另一方面，企业文化是一个"慢变量"，定义并且构建企业文化，对一家公司来说，需要极其漫长的周期，这对企业的短期盈利帮助并不显著；而对投资者来说，研究企业文化的好坏，实际得到的帮助也并不显著。那么，段永平到底是如何理解企业文化对经营和投资的作用的呢？

企业文化在段永平看来，是一家企业背后"隐形的推手"，是主宰一家企业命运的一股无形的强大力量。2006 年前，段永平在企业文化的培训课上表达过这样的观察：一路走来，和他在商场上一路搏杀的竞争对手不在少数，当时有很多竞争对手相继倒下。"你方唱罢我登台，各领风骚三五年"，这样做不长、做不久、难做强的结局和命运并不是段永平想看到的，他开始思考，为何很多企业是"流星"？决定不同企业命运差异的根本性力量到底是什么？

"中国民营企业的平均寿命只有 3 岁左右，这反映一个问题：企业规模可以做大，但是做不长、做不强。除了体制上的原因外，企业或企业家本身的问题是主要的，中国的有些人比较好大喜功，急功近利，动不动就要做世界 500 强。缺乏一个长远的目光和持续发展的愿景，没有把企业文化的'内功'练好，出问题是早晚的事。"

文化虽然不容易观测，但对企业的影响却是真实且庞大的。在管理步步高时，段永平就曾大喊"文化木桶理论"。在他看来，企业文化不是一切，但文化决定了一家企业的短板。企业的战略、结构、系统、职员、技能等这些"有形"因素固然决定了企业业务好坏，但"文化"这股无形的力量如果有短板，不够牢靠，木桶是不能装水的。这就是为何段永平一再强调步步高的核心竞争力是他们的企业文化，他建立企业文化的目的不是让步步高能多赚更多利润，而是让步步高能更加长远、健康地活下去。

对于阿里巴巴这样的企业，商业模式在电商领域固然是一流的；对于网易，在游戏研发和互联网产品多元化开发等方面，也打出了自己的特色。但即便商业模式再好，如果企业文化出问题，对于长期价值投资来说，出现风险是早晚的事。如果商业模式不好，企业文化做得很好，即便企业赚的是"辛苦钱"，寿命也能长。对于两者的关系，段永平也用了一个非常恰当的比喻：商业模式像马，企业文化像骑师，而经营的结果就是最终比赛的结果。

"商业模式像马，企业文化像骑师"，一阴一阳，一实一虚，前者是支持一家企业赚取长期现金流的有形架构，后者是推动一家企业不断发展的无形力量，两者共同作用。可见，在段永平看来，好的商业模式和好的企业文化，并不像很多人看来是相互分割的关系，或者说价值投资只需要关注一方面就可以了。

在这句话背后，段永平特别强调了一下，"好马和好的军师"的比赛和投资并不完全一样，赛马是一场定胜负，但价值投资却十足是一场长跑。企业必须要有一根能确保长期投资安全的定海神针，这根"神针"其实正是企业文化。

32. 好的企业文化，会让利润追着自己跑

段永平有一套极其罕见的"望闻问切"的能力，他几乎很少亲临企业做现场调查，只要浏览财经新闻报道，听创始人的演讲访谈，就能很快从有限的信息中，大致判定一家企业的经营状况是否安全健康。

如果把段永平比作医生，把公司看作人，段永平凭着自己的直觉，便能快速锁定发生在公司身上的"已病"和"未病"。不过，他的这种能力并不是天赋，而是他经营实业数十年修得的内功。段永平自己打造过"筋骨强健"的公司，也给很多企业治过病，所以和一般的投资人相比，他更明白一家好公司的文化应该符合哪些指标。而当公司出现不利于其长远发展的致病因素，他总是能比一般人更早察觉到对投资不利的征兆。

可以这么说，段永平评价一家公司，并不在乎一个时期内给自己赚了多少钱，他更注重一家公司的"免疫力"高不高，能不能做到在他手里"不生病"。可以这样理解，价值投资者更关注长期，企业文化就是一家企业的"免疫力"，只有那些免疫力强悍的公司，才能让段永平安全健康地"拿十年"！

段永平多次强调的"健康度高"的企业文化，到底有哪些标准？

段永平很早就在思考，应该把公司的文化建设成什么样子，不过他心里大致有杆秤，步步高不应该是一个直奔着赚钱去的平庸企业，而是应该朝着志存高远的百年企业进军。那么一家基业长青的企业应

该是什么样呢？他在吉姆·柯林斯（Jim Collins）的经典商业畅销书《基业长青》里找到了答案，那就是一家伟大的企业，不能只"掉到钱眼里"。如果想要成为基业长青的百年企业，必须要有"利润之上的追求"。这里所说的"利润之上的追求"，题眼在"之上"二字：段永平不否认盈利是企业的第一要务，否则做的就不是企业，而是慈善。所谓的"利润之上追求"指的是把做"对的事"，放在做"赚钱的事"前面。

但是"以消费者为导向"和"以利润为导向"两者之间却经常打架。比如，一些企业不是被竞争对手打败，而是被自己"赚快钱"的战略决策送上不归路。

对此，段永平在步步高的高速发展期，对"什么钱该赚，什么钱不该赚"的问题，一直保持着战略的清醒。他旗帜鲜明地立下三条规矩，有三种钱是永远不能赚的：第一，违法的钱；第二，违背道德的钱；第三，超过自身能力的钱。段永平提出这个"约法三章"的时代背景是 20 世纪 90 年代，那个时代企业家无一不在喊"时间就是生命"的口号，速度和效率基本上是大部分老板的理念共识，当时赚违背道德的钱的大有人在，而且大干快上、盲目扩张的企业主更是不计其数。不过，段永平所倡导的"慢发展""本分""平常心"等理念，与当时的主基调似乎背道而驰。然而，当初那些大喊激进发展口号的企业，其寿命和步步高一样长的却寥寥无几。

在段永平看来，一家过于追求短期诱惑的公司，一种太强调短跑成绩的企业文化，是不健康的，对公司的长期发展容易造成极大的隐患。

首先，过于"重短轻长"会透支企业的发展空间，企业会倾向于把资源投入到与"正确的事情"无关的事情上。比如，有人问段永平当年为何不像很多制造业企业一样做代工，这样"稳赚不赔"的钱对公司的利润有好处，为什么要放弃？段永平却坦言：代工是赚钱，但是对公司"长期没啥意义"。可见，段永平是清醒的，为了公司的长期利益，他宁愿把员工的时间和公司的预算花在请管理顾问的技术指导上，也不会为了贪图"仨瓜俩枣"，把员工的精力浪费在"很烦很无聊"的代工业务上。

其次，有很多企业执迷于赚"容易的钱"，但这样的钱是暗中标好价格的，公司很容易不计后果盲目扩张，把企业引向极其危险的境地。

作为一个坐拥过几家千亿公司的幕后创始人，段永平最在乎的是公司是否有稳扎稳打的战略节奏。对此，他有一套清晰的"四不"战略，即坚持不搞多元化、不融资、不上市、不过早地搞国际化。比如，很多企业为了扩大利润，拓宽市场，会大搞多元化发展，目的是不把自己吊死在一棵树上。但很多企业基本盘还没打扎实，就另起新盘，只会把自己吊死在另外一棵树上。因此，每当有人问段永平是否对某个项目感兴趣时，他连项目的基本情况都不问，就回绝说自己根本不感兴趣。

而后从实业转向投资后，段永平依然默默坚守当年的"四不"原则。在筛选公司时，他总是有意避开那些负债率高、资本支出大、习惯性搞定增、过早进行国际化，以及盲目多元化的企业。以多元化为例，他发现，但凡是那些多元化的公司，到后来基本上都会遇上大麻烦。

此外，他在投资时还有一个习惯，也能说明他非常畏惧企业过于激进和短视带来的后果。段永平分析公司的产品，对其一时的销量好坏并不是特别看重；相反，对市场占有率第一的企业，他会多留一个心眼。

2012 年，除苹果电脑之外，惠普的市场占有率达到第一，然而段永平对惠普的成绩却并没有给予高度赞扬，反而一针见血地指出惠普"抢市场"背后的风险。当年，全球平板电脑的出货量达到 1.09 亿台，比上一年增加近 5 倍，苹果作为当时第一批"吃螃蟹"的企业，推出的 iPad 占据了平板电脑出货量的半壁江山。平板电脑的附加值高，赛道并不拥挤，对很多电子设备制造商来说，算得上一块油水十足的战略高地。段永平还透露，就连当时 OPPO 和 vivo，也在反复考虑是否要进军平板电脑的赛场。

为何惠普在当时能做成除苹果之外销量最高的平板品牌？它们走的路线，并不是复制苹果那条靠消费者体验制胜的路子。作为"后发力量"，惠普在产品体验方面和苹果的差距实在太大，但为了快速抢蛋糕，它只能通过大幅降价的手段来提升销量。这样做的后果，就是惠普虽然抢到了老二的地位，但其平板业务却面临巨大的亏损。段永平的眼光十分毒辣，他看到了惠普进军平板电脑的本质。惠普很明显在"消费者导向"和"利润导向"的分叉路口选择了后者。

有句俗话，"不想当将军的士兵，不是好士兵"，同样，无心争第一的公司，不是好公司。段永平其实并不反对企业把做到"第一""最大""最多"作为自己的使命和愿景，相反他还认为，志存高远、目标远大，对一家尚处在"打江山"阶段的公司是有一定激励效果的，然而他在乎的，其实是企业用什么样的路径和手段达到这个目标。在段永平的认知中，只有把消费者导向当作实现目标的"本手"，这样的"第一"才是有意义的。

事实上，段永平办过的企业，推出过不计其数名噪一时的产品，做到最后几乎都是国内的"老大"，但段永平罕有提起，更不会在带兵打仗时要求公司上下守住第一的江湖地位。段永平在企业一直在讲："我们不为创新而创新，不要自己主观去搞一些噱头，不要为差异化而差异化。我们要做的，是当你发现消费者需要的时候去满足它。"所以，步步高从未在公开场合用"销量第一"来为自己做宣传，让他们最骄傲的反而是每年都被消费者评为"最信得过的产品"。

所以，如果有心留意段永平还在持有的公司，以及他评价过"企业文化还不错"的企业，从中我们都能找到"共性"，即便不同公司、产品有很大差异，但在企业文化属性上，却无一例外都在追求用户价值最大化。

33. 好的企业文化大概率有好的回报

2022 年 8 月底，在美国纽交所上市的新东方，股价一度接近 30 美元左右。距离同年 3 月创下的 0.84 美元的历史最低值，已经整整过去 5 个多月。段永平 1 月 11 日曾卖出的新东方看跌期权，此时已经暴涨了近 15 倍。坊间都在惊呼，段永平这一次又"赌"对了。

然而，很多人也许不知道，段永平这次抄底躺赚的经历，靠的正是他一直挂在嘴边的"企业文化"。如果没有他对新东方创始人俞敏洪"慧眼如炬"的赏识，就没有这次"好公司"的恩赐。

其实段永平与俞敏洪早有渊源。早在十年前，段永平曾经对俞敏洪做过一番不算特别积极的评价。当时，著名的做空机构浑水公司（Muddy Waters Research）[1]发布报告，指控当时的新东方涉嫌财务造假。随后两个交易日，新东方的股价狂跌了 57%。听闻这个消息的段永平，用了 4 个小时的时间，上网看完了俞敏洪所有演讲，很快作出了判断：俞敏洪并不像空头说的那样，会用造假手段粉饰业绩。不过，当时段永平眼中的俞敏洪，更像一个标准的生意人，离顶级的企业家还有一段距离。虽然他从俞敏洪激情澎湃的演讲中，解读出了

---

[1] 浑水公司：一家注册在美国的研究公司，成立于 2010 年 7 月，创始人为卡森·布洛克（Carson Block）。"浑水"取自中国谚语"浑水摸鱼"，可谓一语双关：既指公司专门调查在资本市场里"浑水摸鱼"的公司，又指"在浑浊的水中更容易摸到鱼"——先把水搅浑，然后再通过借券卖出的方式获利。

他内心执着的理想主义色彩，但是总觉得俞敏洪的"方法不对头"。不过段永平还是决定小打小闹一把，据他所说，他"进场卖了很多put（看跌期权），赚了些钱"。

十年之后，命途多舛的新东方再次遭遇"致命浩劫"，由于国家出台"双减"政策，按照要求，新东方的 K12 业务从此以后必须停止，而股价则直接从 2021 年 2 月 16 日的 199.74 美元暴跌了 90%。不过这次下跌，并不是十年前"做空风波"的历史重演。受到政策波及的新东方，似乎不会有"翻身之日"了，如果不能从事教育行业，新东方便成了"无水之木"。对段永平来说，十年前那套"抄底"的赚钱模式，这次似乎不再管用了，他本不应该"意气用事"卖出新东方的看跌期权。

可是，这次段永平却在 2022 年 1 月 11 日再一次卖出新东方的看跌期权，用他的原话来说，"总觉得俞敏洪是条汉子，象征性支持一下"。段永平再一次重复了上次的操作，虽然两次的动机各不相同，但他两次都"获得了一点点回报"，其成功靠的不是他了解新东方的基本面，而是他看透企业价值观的那双"慧眼"。

第一次段永平能赚到钱，是因为他看了俞敏洪演讲，从而断定创始人的发心是好的，价值观是善的，所以做空者的论调必定是错的，股价势必会回归正轨。这是他看企业文化的能力给他带来的"回报"。

第二次段永平能赚到钱，是因为他目睹了新东方在遭遇致命打击之后，俞敏洪还依然决定给员工足够的赔偿，退还学生的学费，他不抛弃、不放弃，继续带领公司上下为员工的生计考虑，不断寻找自救之路。在段永平看来，这样的公司是有"魂"的，比起十年前，此时的俞敏洪已然找到了"利润之上的追求"的方法。即便股价未必能回归过去，但这样的公司不论未来做什么，必然是能成事的。

段永平两次抄底，两次均实现了颇丰的回报，不过盈亏同源的逻辑，不是投机者的幸运，而是上天给坚持"正道"价值观的人的回报。

其实，因为相信企业文化的力量，段永平收获了"意外之财"。无独有偶，早年间他正是凭借着对通用电气企业文化的了解而果断投资，从而在一年时间内实现收益翻倍，并因此顺利弥补了此前投资百度时的巨额亏空。段永平曾有过这样的自述："投资 GE（通用电气）是我最具个人特色的一个案例。"而他所说的"个人特色"，其实就是相信企业文化的力量。

段永平投资通用电气，是一个超乎很多人想象的一次"冒险"。首先是特殊的时空背景，彼时的美国正经受次贷危机之困，而金融业务占比不小的通用电气一直前途未卜；其次，在有人预言它会成为第二个破产倒闭的雷曼兄弟时，段永平却一度重仓持有；而最让人不理解的是，明明在金融危机期间，遍地是便宜货，段永平却偏偏选择相信通用电气的管理层，理由居然是他看好通用电气的"企业文化"。

时间回到 2008 年，受到次贷危机波及，雷曼兄弟、AIG 等多家金融机构纷纷破产，实体经济也遭到重创。段永平敏锐地意识到，他此前认为的很多"好公司"，在这个万马齐喑的寒冬中一定会出现"好价格"，于是他决定抓住这个千载难逢的时机，在别人"恐惧"的时刻，自己"贪婪"一回。

通用电气其实一直就在段永平的"好公司自选股"名单里。在经营步步高期间，段永平一直找不到推行企业文化的道法。一个偶然的机会，他读中欧商学院 MBA 期间，接触到了通用电气前一任 CEO 韦尔奇（Jack Welch）的自传。这家公司有两个地方让段永平深深折服：首先，这是一家历久弥新、业务范围极广的"百年企业"，涵盖了包括飞机发动机、发电设备、金融服务、医疗造影、清洁能源等领域；其次，他发现公司之所以长盛不衰，和它的董事会总能选出优秀的 CEO 有密切关系。他发现，通用之所以能拥有一个"选对人"的董事会，背后靠的是好的企业文化在维持。即便当时段永平并不能完全看懂通用电气的业务版图及彼此之间的联系，但具备这样优秀文化血脉的企业，自然是够得上他所认为"好公司"的标准。碍于股价一直过高，段永平始终没找到合适的投资时机。

2008 年金融危机时，通用电气的资本利润下滑十分严重，公司股价从 38 美元一路下跌，资本市场普遍担心，通用电气会重蹈雷曼兄弟的覆辙。不过当时通用电气的破产危机，不能完全归咎于金融海啸。从 2001 年后，这家"大而不倒"的百年老店，屡屡犯下致命性的战略错误。比如，韦尔奇的继任者杰夫·伊梅尔特（Jeffrey Immelt），逐渐把公司的战略重心转移到金融业务上来，并且在 2004 年，还从阿波罗资产的手中接管了一家做次级贷款的房企，这也直接成为公司在金融危机期间融资问题"暴雷"的导火索。

通用股价从 38 美元下跌后，巴菲特在 2008 年 10 月 2 日宣布，将收购 30 亿美元通用电气永久性优先股。其实，巴菲特很早就关注通用电气的投资价值，只不过他和段永平都认为当时的股价太贵，因此，现在必须抓住这一千载难逢的"好时机"。不过，段永平购入通用电气的价格比自己的"师父"巴菲特还要便宜。2009 年 2 月 20 日，通用电气股价跌破 10 美元，段永平开始抄底。

不过，此时的段永平仅仅只是试探性的持仓，真正让他下定决心重仓，是此后公司管理层为扭转此前错误的战略决策所采取的一系列动作。伊梅尔特当时发表了一份对外声明，承认过去一系列战略失误是自身领导不力导致的，他决定未来努力调整公司的业务结构，不断压缩公司的金融业务。同时，为了稳住市场预期，他还联合高管回购了公司 25 万股的股票。

从伊梅尔特大方承认过去的错误，并采取积极负责任的态度应对衰退带来的挑战上，段永平感受到了通用电气百年流淌的企业文化遗产所发挥的价值，这让段永平增强了对通用公司未来的信心。从这时起，段永平才最终决定重仓通用电气的股票。不仅如此，此后他还不断想方设法筹集现金，持续加仓。2011 年 3—9 月，公司股价回暖，仅半年时间，段永平便获得了上亿美金的回报。

从某种程度上来说，投资通用电气并不完全符合段永平的某些投资原则。比如，他没有看懂公司所有的商业模式，也没能清晰完整地估算出公司未来十年的现金流。但是，单看企业文化这一条，通用电气的确够格成为最具段永平个人风格的一笔投资。

我们从段永平的这两个投资案例，不难发现企业文化对段永平的投资所起到的作用是什么。一家企业文化足够健康，虽说不是段永平投资能赚到钱的充分必要条件，但是投资这样的公司，能保证将投资的风险降到最小。

第一，好的企业文化，一定会让公司有极强的纠错能力和自愈能力。通用电气的例子告诉我们，企业犯错是常有的事，但继承了好的文化基因的公司，在发现错误时能够及时止损，并且"上下同欲"，公司快速逆风翻盘的概率，会比没有文化底蕴的公司更高，因此，它们不会在犯错的道路上走得太远。

第二，拥有好的企业文化，公司"做对事，找对路"的能力也会更强。不论是新东方还是通用电气，段永平虽然不一定完全看得懂他们在做什么，也预见不了未来他们要做什么，但持有股票时，他对公司的未来始终有着坚定的信心，因为他相信在"做正确的事"文化的影响下，怎么把事情做对，只是一个时间问题。投资这样的公司，不会让投资者"睡不好觉"。

所以，企业文化起到的作用，就是让投资者"吃饱睡好"。对段永平来说，好的企业文化是"睡好"的前提，有此前提，"吃饱"才能是自然而然的结局。

34. 如何寻找所谓的好的公司文化?

说到选股时,段永平是极其少见的会把企业文化摆在台面上、严格列为自己筛选好公司标准的投资人,这也成为段永平最富个人特色的投资风格。

在选股阶段,段永平会把企业文化当作一种十分有效的"过滤器"。遇到企业文化差强人意的公司,他便不会再耗费过多时间做深入研究;在持股阶段,他也会始终留意一家公司的所言所行,一旦他从中发现这家公司的文化和当初看好它时有严重偏离的地方,他便会不带一点犹豫地及时脱手止损。

既然企业文化对段永平来说如此重要,那么他在分辨一家公司企业文化的好坏时,会采用哪些和其他投资者有所不同的方法或理念呢?在很多人看来,段永平了解一家公司文化的方法,可能是普通人很难学会的,而段永平自己有做实业的经历,也是抓企业文化建设的一把好手,心里对好的企业文化的标准自然是有本账的;另外,段永平在国内商界是有头有脸的人物,不论是人脉资源还是获取一手信息的便利程度,是普通散户远远比不上的。毕竟,我们评价一家公司的企业文化好与不好,标准太过主观,普通投资者通过资讯渠道了解的信息良莠不齐、真假难辨,这也给我们辨别一家企业的文化的真实情况增加了不少难度。

其实,段永平在收集一家企业文化的相关信息时,与大部分投资者并没有什么不同，更不会刻意搜集某些普通人拿不到的"内幕信息"协助自己作出判断。我们知道，段永平身在美国，实地参访公司的条件很有限，比起国内一些热衷于密集交流、互通有无的投资人，段永平掌握的信息反而更少。比如，他曾经谈到，自己投资腾讯时，虽然认识的球友当中有腾讯的高管，但自己并没有因为打算投资腾讯而主动上去攀谈；投资茅台时，段永平也多次表示并没有见过公司的管理层。他判断公司的文化所依据的资料，用他自己的话来说，就是所有投资者都可以在公开渠道获得的资料。

既然段永平和大部分人拿到的资讯都是站在同一条起跑线上，那么他是如何判断出一个公司文化的优劣的呢？

首先要强调一个基本事实，看懂某家企业文化个中的门道，在段永平看来其实并不是一件非常复杂的事情。大部分时候，判断企业文化好没有那么容易；但要看出一家企业文化不好，却是一件非常容易的事情。段永平分享过一本读物——《六顶思考帽》。书中用六顶不同颜色的帽子代表不同的思维模式，比如，基于客观事实和数据的"白帽思考"，乐观积极探索正面价值的"黄帽思考"，依据客观逻辑的批判式"黑帽思考"，以及基于直觉感受和预感的"红帽思考"，等等。而考量一家企业的文化时，如果从某一个维度思考，就能发现这家企业的文化有不尽如人意的地方，那么就可以判断这家企业的文化是有"疑点"的。

据段永平透露，在他从事投资的早些年，曾经稀里糊涂地购入过不少 UT 斯达康的股票。说到 UT 斯达康，21 世纪初在国内风靡一时的无线电话"小灵通"，便是这家在硅谷创立的企业打入中国市场的杰作。对于这家公司，段永平起初是看好的。但是，后来有一次，他无意间去拜访了公司总部，还见了当时的 CEO。这次拜访带给段永平的体验并不好，他后来透露，正是这次访问，让他看到了 UT 斯达康企业文化的很多毛病。于是他在回来之后"用最快的速度把股票都卖了"。在谈及为什么卖得如此坚决时，段永平并没有透露具体的原因，但他提到用"六顶帽子"思考时，至少有一顶给出的答案是"NO"。

段永平常说，他看一家企业的文化，并没有专门的格式或公式，有时甚至不需要所谓严格的数据或事实，光是借用"直觉"这一顶帽子，便能发现企业文化不佳的某些端倪。他说"当直觉告诉我这里有问题，我会更加谨小慎微地再想办法查查"。这种利用直觉审视企业文化的方式，还表现为段永平经常说的另一个词——"拟人化"。比如，他经常说，在看公司时，他会把这个公司想象成一个人，如果这个人是他平常生活中不想打交道的人，那么自己肯定也不会投资这家公司。

"把公司当作一个人看待"，我们便不难理解为何段永平总是对那些明明财报上很赚钱、总是"勇争第一"的企业缺乏好感的原因了。人的性格是复杂的矛盾体，既包含渴望生存、贪得无厌的"本我"人格，也包含诚实守信、追求道德的"超我"性格。将一个爱耍小聪明、以利益为准绳的"功利主义者"，和一个有大格局、讲道德、有是非的"利他主义者"相比，很少有人愿意与前者成为事业和生活中长期携手的伙伴。与人打交道靠人品，而企业文化正是一家公司的"人品"。他认为，"德不配位"的公司并不值得他花太多的时间。

因此，段永平始终认为，一个人即便没有做过企业，没有像他那样亲力亲为地抓过企业文化建设，单凭做人的基本常识，对企业文化的好坏也能做到"慧眼如炬"。他常说"己所不欲"便可知是非，如果一家公司明知故犯地加三聚氰胺谋取暴利，这样的企业即便赚钱，我们也知道它是不好的；一家企业为了做到世界五百强而劳民伤财，侵占股东、员工及合作伙伴的利益，这样的公司也能一眼便看出好坏。

要想识别出一家公司文化的好坏，有时并不需要太过复杂的方法，用段永平的话说，只需要"观察其所有的方面"，做到"听其言、观其行"——不仅要看别人公开表态时说了什么，更要看公司是否"言行一致"——做到这样，谁都可以成为读懂一家公司的企业文化的高手。

段永平认为："企业文化其实非常实在，建议你看看苹果的发布会，体会一下是不是虚无缥缈的企业文化。"这两句话看似很平实，但却蕴含了他看企业的心法。企业文化并不是虚幻的理念，也不是专业知识，而是看你是否能从实实在在的小事里见微知著。比如，他告诉网友，想要了解苹果的文化，就该多看看它的发布会，就知道苹果为什么一直有保持"伟大产品"的基因。段永平发现，新东方是一家有"利润之上的追求"的企业，是因为他目睹了俞敏洪在"双减"之后的表现。

还有网友坦言，自己购买格力不买美的，是因为看到格力的标语是"早上吃好，晚上吃饱"，但美的的却是"大战九十天，创造新辉煌"。标语的背后，其实就是公司文化的一种体现。同时，我们也可以发现，很多企业的文化，其实是"为文化而文化"，一味追求假大空的口号，在产品和服务上却丝毫显现不出文化的影响。这样的企业，本身就没有好的"企业文化"。

第九章

"段"说估值

对投资人来说，大部分投资对好公司都能做到"慧眼识珠"，但是好公司人人都看在眼里，股价并不见得便宜，而如何在合适的价格买到心仪的公司，才是真正决定实际的收益效果的关键。因此，很多投资人，会把怎么给股票资产定价，看作投资过程中"离钱最近"的一个环节。而能否炉火纯青地使用一套科学的估值方法，是联通价值与价格的桥梁，更是实现从"好公司"到"让我赚到钱的好公司"这个"惊险一跃"最重要的点睛之笔。

35. 市盈率是倒后镜，不能作为能不能投的标准

要想像段永平一样做成一笔成功的投资，选到一家万里挑一的"好公司"只是"万里长征第一步"，如何确定好公司的价值才是段永平的拿手好戏。

不可否认的一点，有"中国的巴菲特"之称的段永平，在估值方面的确有自己的一套独门绝技。在他大部分的投资案例中，我们总能看到他以极其便宜的价格，买进那些日后成为"龙头"的好公司，在公司的股价触及他估出来的内在价值后，他又能做到毫不恋战地果断卖出。很多粉丝会经常向段永平"讨教"他估值的方法，但他的答案却经常让粉丝"大失所望"。

段永平坦诚地告诉大家，自己并不太懂我们常说的各类五花八门、流派众多的估值方法，他给股票定价的方法之所以能让他赚到几十倍的收益，不在于他用的方法有多准，而在于他能清晰地知道，我们所谓常用的估值方法，并不能让他赚到大钱。这到底是什么意思呢？让我们先来看看段永平的原话：

"我其实并不懂通常意义上的估值，就是所谓股价应该是多少的那种估值。

"我一般只是想象如果某个公司是个非上市企业，我用目前的市值去拥有这家公司和我其他的机会比较，哪个在未来10年或20年得到的可能回报更高（这里的回报其实是指公司的盈利而不是股价的涨

幅）。

"所以，我能看懂的公司非常少，亏钱的机会也非常少，最后的结果自然是不错的。"（2019-03-13，答"雪球"读者问）

首先，段永平在确定好公司的价值时有一个前提：估值的目的，并不是要去计算出未来公司的股价能涨到多少。在很多人看来，估值的目的是明确公司股价的上行空间。"低估值"时，低买高卖就能在股市里赚钱。但在段永平看来，他估值的目的既然不是判断股价的涨幅，那么估值的作用到底是什么呢？先来看看，段永平是如何思考我们通常意义上的"估值"的。

一般来说，一家公司股价的上涨，可以归因于两个部分：一个是公司盈利的增长；另一个是市盈率的提高。所谓"市盈率提高"，通常情况下是当二级市场的投资者一致看好某家公司未来的成长性，即便公司现阶段的业绩还未兑现，投资者也会愿意为之付出高价，从而为股价的坚挺提供支撑。所以，有的投资者非常善于通过市盈率捕捉投资的机会，当他们发现某家公司的市盈率和行业内其他上市公司的市盈率平均值相比，或者和自身的历史水平相比，存在显著被低估的情况，那么他们会认为目前是不错的投资机会。从这个角度来说，所谓的"通常意义的估值"所赚的钱，就是未来估值提升带动股价提升所赚的钱，并不依赖一家公司未来盈利的增长。

从段永平对"估值"这件事的评价来看，我们不难发现，他认为股民非常急迫地想要知道一家公司未来的股价能涨到多少，证券公司要乐此不疲地给他们口中的优质股票"定价"。说到底，公司能否真正实现盈利对他们来说并没有那么重要，股价能否涨到位才是最重要的，对他们而言，估值只是他们在股票市场上捞钱的"灯塔"而已。

不过，段永平对这种估值的路径和背后的赚钱逻辑，一直抱有质疑的态度。他反复强调："市盈率是'倒后镜'，不能作为能不能投的标准。"他认为，靠市盈率估值是一种非常"不靠谱"的方式，因为市盈率本质上是历史数据，单纯看目前的市盈率在以往历史数据当中的统计分布，会存在严重的信息残缺，我们很难用过去的盈利状况去推演未来。如果投资者想靠市盈率的均值回升赚取价差，在低估与高估的弹簧之间反复横跳，是不可能赚到几倍或几十倍的收益的。

此外，还有更重要的一点，这种靠"低市盈率"来判断投资机会的方式，很容易让投资者"中招"，股民会因为贪图一时便宜，而落入"价值陷阱"的泥潭。为了说明这个道理，段永平特地举了GM（通用汽车）公司股票的例子。通用汽车过去曾经是美国历史最悠久的汽车制造商之一，也是巴菲特的持仓股。不过，这家驰名中外的企业，从20世纪80年代之后就不断陷入衰败的境地，直到2009年宣布破产。从估值角度看，这家公司的市盈率一直长期处在低位，徘徊在5左右，如果单看市盈率，认为它被低估，那这笔投资的结局就一定是为它的破产买单。

其实，在段永平看来，采用"市盈率"或其他价格乘数（如市净率、市销率等）之所以有弊端，很难赚大钱，表面上看是因为历史数据太过陈旧，大家容易被低市盈率的"白菜价假象"所迷惑，但根本的问题在于，这些方法都是把眼光永远"盯向市场"，收益高低全凭股价能涨多少，根本不考虑企业实际的盈利能力。既然传统意义的估值方式行不通，那么段永平到底是靠什么估值方式，赚到几倍甚至几十倍的收益的呢？

很多投资人利用"通常意义上"的估值方法，从心态上来讲就是为了"捡便宜"，这种方法难免会让投资者把公司研究的重点放在市场的定价上，而非一家公司未来实际的盈利。段永平的心态却大不一样，他只有一种"挥杆模式"，那就是永远盯着这家企业的未来现金流折现价值，依据企业未来的盈利性进行估值。

这实际上来自段永平常说的一种"非上市思维"。在心态上，段永平并不会把一家上市公司当作每天被市场交易的上市公司看待，他时刻提醒自己，估值就是为了看懂生意，生意值多少钱和别人怎么看待一家公司是没有关系的。因此，他会自动地把估值的心态调整到对待"非上市公司"的模式上。

　　用"非上市思维"去给企业估值，有什么好处呢？首先，我们会发现，预测股价高低会变得完全没有必要。不断上下浮动的股价，本质上来说，只是段永平买入这家目标公司对应的"持有成本"而已。而决定他要不要投资的关键因素，不在于市盈率到底有没有被低估，而是看"全资持有"这家非上市公司，放到未来若干年到底"值不值"。具体来说，就是以目前的市值（也就是"持有成本"）来看，达到段永平预估的企业的未来内在价值所产生的回报率，是否高过他现阶段持有苹果或茅台的回报率，如果回报不够，说明机会成本太大，投资是不值得的。这就是他"决定投不投"，以及"投资赚不赚"最底层的逻辑，而这套逻辑对应的估值方法只有一条，那就是要能准确地通过未来现金流折现，估算出公司未来盈利产生的公司的内在价值。

　　这就是为什么段永平仅靠这一个估值的"挥杆模式"，如此这般"赚得狠"的原因。如果我们把一家公司当作"上市公司"来看，估值只盯着股价的来回波动，注定只能赚到均值回归带来的"仨瓜俩枣"。一旦你不盯着市场，把时间和精力用在研究看得懂的公司的内在价值上，只关注公司的盈利，你才能赚到公司未来几十年利润增长的回报。

　　其实，段永平的估值方法不只是"赚得狠"那么简单，同时也做到了"赚得稳"。在享受未来利润咆哮式增长的同时，有一个重要的前提，就是他能以一种"算无遗策"的方式，清晰地预见到公司未来若干年的现金流折现价值是多少，几乎很少出错，无限接近于企业的内在价值。

　　而他的这套估值方法，做到了真正的"低风险、高收益"。

36. 未来现金流折现不是公式，是一种思维方式

段永平对估值的态度是纯粹的，他的估值方法没有掺杂其他五花八门的技术。在他的投资方法里，只有一种"挥杆模式"，那就是分析一家公司的未来净现金流的折现价值。

但是，包括专业投资者在内的大部分股市玩家，在考虑一家公司值多少钱时，往往会去参考这家公司当前的市值。例如，我们在评估腾讯这家公司值多少钱时，通常不会说腾讯"未来现金流折现价值"是多少，而是根据当前市场对这家公司的市值来大致判定腾讯的价值。虽然这种方法有市场有效性理论的支持，但在段永平看来，对投资的指导意义却并不大。

不关心"市值大小"其实是段永平的一个习惯。比如，在提到《基业长青》这本书时，作者詹姆斯·柯林斯从市值大小的角度研究了世界上若干家伟大的企业。段永平认为这本书最大的缺憾，正是从市值角度去定义一家企业的成功。但他也发现，预估"未来净现金流折现"并不是一件容易的事，即便是学识渊博的商学院教授也不可能知道一家公司的内在价值到底是多少。而在价值投资当中，最为重要的一个诀窍就是要摒弃"市值"的思维方式，去建立一套"未来现金流折现"的思维方式。

建立"未来现金流折现"的思维方式，首先就是要敢于把一家公司假设成为"非上市公司"。大部分人其实很难接受把一家公司，尤

其是伟大的公司当作非上市公司的这种思维方式。段永平曾经操盘过伟大的企业，也十分清楚一家庞大公司的财富创造逻辑，这也是他从"生意人"转换为"投资人"身份时与生俱来的一个优势。我们在计算一家上市企业的价值，比如预估类似腾讯这样一家"超级企业"的价值时，可以假定当下你有无尽的财富，能够买下腾讯这家企业，这时你在估值时的关注点，就会完全变成思考腾讯的生意未来能给你这位"股东"挣多少钱，而不是把关注的焦点放在腾讯当前市值到底值多少上。

其次，我们要把估值研究的侧重点，完全放在"公式参数"而非公式本身上。我们都知道，未来现金流折现的方法是一个数学模型，原理就是先计算出一家公司未来可以自由支配的自由现金流，再确定折现因子，把公司未来若干年盈利的自由净现金流加总，便得到当前一家公司真实的内在价值。但在和粉丝多次互动的过程中，段永平却发现大多数人虽然认可和接受这套"挥杆模式"，却把研究的重点放错了地方。很多人误以为，搞懂了现金流的计算公式，就算完全搞懂了这套估值方法；公式计算越严谨，测算越精确，得到的结论就越科学。甚至曾经有一位"工科生"粉丝，非常认可段永平的这一套折现方法，但是作为工科生的他，却觉得必须把这套数学公式翻来覆去搞透才能放心使用。段永平却友善地提醒他，虽然自己也是工科出身，但自己却并没有深究过这个公式的每一个细节。

段永平透露过，不论是他自己，还是将"买公司就是买未来现金流"奉为圭臬的巴菲特，都不会像职业的金融分析师那样，按部就班详细严谨地计算公司的现金流价值，相反，他们对公司价值是可以直接口算脱口而出的。为何看似过程不严谨，结论还能如此准确？原因在于他们对自由现金流的"定性分析过程"。正如段永平所说，价值投资真正的利润来源是其定性分析的部分，这才是价值投资最难的地方。

比如，段永平投资网易，就是一个"定性"战胜了"定量"的典型例证。当时刚刚步入投资界的段永平，压根不知道有"现金流折现"

这一套估值公式，没有经过严格科班训练的他，隐约地靠着他在商界多年摸爬滚打的直觉，断定网易这家企业的价值被严重低估。当时网易很快要发行《大话西游2》这款游戏，段永平很快便靠着自己对游戏行业的了解，察觉到了网易巨大的投资价值。他当时并没有精确计算这款游戏会给网易带来多大利润，但他粗略地估计了一下："没道理比我1995年做'小霸王'时还少。那时我们就做了差不多以亿元计的营业额。"他清楚地意识到，这家企业未来会是一只"现金牛"。

段永平想，既然网易的困境只是一时的，股价还被股民"误杀"，而现金流是实打实的，那就索性把网易当成自己的"处女秀"。很快他便花了200万美元大举抄底了网易的股票。可以负责任地说，段永平投资网易，一定没有严格按照公式，甚至估值的过程是极其朴素的，但他能靠网易一战成名，获利近百倍，靠的还是他定性的判断。他凭借着过去带领"小霸王"创业时积累下来的对爆款游戏的判断经验，才敢于让他下重注。

所以段永平一直在提醒大家，未来现金流折现不是公式，而是一种思维方式。运用公式不是为了算无遗策，而是要把重点放在对未来现金流的定性分析之上。做价值投资，切忌把"定性"和"定量"的重要性搞反，应该把估值的发力点放在定性判断上，才能做到"把事情做对"。

37. 估值是需要"功夫"的

段永平对一家公司的估值，之所以能做到"弹无虚发"，每次都能达到神仙级别的"稳准狠"，不在于他掌握了一套超大算力、囊括无数变量、能做到无限精准的科学公式。他之所以测算的结果如此之准，恰巧是因为他用了一套非常模糊的计算思路，这就是段永平时常提到的"毛估估"。

虽然段永平并没有给"毛估估"下过一个标准的定义，但我们可以参照他过往博客中对"毛估估"的描述，大致了解到这种估值方法的一些特征。与传统的 DCF 估值模型不同，这种估值方法不追求严格准确的公式计算，更不需要严格遵循太多无用的假设，只需要根据自己对公司未来赚钱能力的理解，匡算出每年能赚多少净现金流，然后用一个贴现率，把未来的盈利统一折算到当下，就能大概计算出公司目前真实的内在价值。

这种估值方法看上去十分模糊和粗糙，却恰巧是段永平投资估值中最常用的方法。下面我们结合段永平投资雅虎的案例，对这个方法进行一个基本的分析。

熟悉段永平的朋友，对段永平投资雅虎应该不陌生。他之所以要买雅虎的股票，其实是买阿里巴巴和腾讯的一个预动作。但不可否认的是，如果暂时不考虑雅虎市值当中，属于雅虎日本和阿里巴巴在上海刚上市的部分，这家企业在当时也有很高的投资价值。

段永平的估值过程是这样的：

第一步，先估算雅虎这家企业的价值。

他习惯使用的估算企业价值的方法，是用公司的市值，减去公司的现金，加上负债，再减去现金。当时雅虎市值大致215亿，现金45亿，而企业没有负债。如果不考虑雅虎日本和阿里巴巴大致100亿的市值，雅虎的价值大概是"215-45-100=70亿"。

要注意一点，如果把雅虎看作一家非上市公司，那这里的70亿，其实就是我们买下雅虎所要支付的价格，用本章第一节的说法，这个70亿就是雅虎的"持有成本"。

第二步，就是测算雅虎的内在价值，这其实是最能体现他"毛估估"估值理念的部分。

在他的博客里，段永平还原了当时的思考过程。首先，当时雅虎每年净利润大概是5亿～7亿，不过雅虎在2009年有一件会影响公司未来十年利润的合作事项，他们计划和微软签订一份为期十年的搜索业务合作，微软会授权雅虎使用自己的Bing搜索技术。

段永平预估，这项合作如果开始，每年给雅虎节省出来的开支能达到5亿～6亿，节省出来的搜索引擎费用也会成为未来雅虎利润的一部分。因此，站在十年的角度看，雅虎一年的盈利取最小值，也能有10亿美元。

第三，比较"持有成本"和未来十年的内在价值。

如果把雅虎当作一家非上市公司，不考虑他现在持有的阿里巴巴股票未来的增值，这就相当于我们用70亿的价格买入了一桩未来十年能够每年创造10亿的生意，所以这个价格是不贵的，甚至是一笔"稳赚不赔"的买卖。要是再考虑到未来上市的收益，用段永平的话来讲，这部分几乎就是"白给"的好处。

从他对雅虎的投资决策过程中，你是否发现其实"毛估估"一点也不复杂，甚至有点过于"粗糙"。但是，我们也能看出这种估值方法的几个特点：

首先，"毛估估"更加关注的是整体和大局，省去了很多无关痛痒、与公司未来盈利关系不大的变量，不太考虑细枝末节。很多专业投资机构给出精细化估值，估值过程会设置非常多严格的假设，数据都经过科学的调研。但"毛估估"基本上没有特别多复杂的参数，只留下对净利润最重要的变量。这样做的好处就是，投资者能够非常直观地感受到这笔投资是否划算。其实，段永平经常喜欢用巴菲特的一句话，来说明这种"粗枝大叶"的估值方法的好处："一个三百斤的胖子进屋，不用秤也知道他很胖。"

其次，"毛估估"十分看重长期，甚至是企业整个生命周期的盈利状况，而对企业的短期波动并不敏感。比如，对雅虎的投资，段永平更加关注它能否做到未来十年每年 5 亿～7 亿的盈利，以及和微软合作后未来十年的好处。换句话说，他认为真正需要被"毛估估"的，其实是那些会影响未来十年公司盈利的因素。比如，段永平在给茅台、万科、腾讯等企业估值的时候，非常关注的就是它们未来长期的盈利水平。而相比之下，分析师手下的估值，却更喜欢假借公式之名，把很多短期内有利于股价的利好及利空，加入到估值计算的考虑范畴中。

另外，"毛估估"很注重设置安全边际，估值过程相对保守。我们会发现，在给雅虎估值的这个案例中，估算的取值都偏向保守，甚至连会给雅虎带来最大增值的阿里巴巴的估值也并未考虑在内，这就是一种"安全边际"底线思维的体现。

而且对于那些"不知道自己投资的是什么"的散户而言，段永平认为，"毛估估"是非常有必要的，能让大家远离投机、远离亏损、远离"被忽悠"。毛估估非常直观，容易上手，普通股民在投资一家公司之前，可以通过简单的"毛估"来确定投资标的未来的盈利状况，否则你无法确定这家公司到底是不是一家能赚钱的公司。虽然很多初学者一开始估得不一定准确，甚至会犯大错，但至少能让大家远离盲目投资。

所以你会发现，"毛估估"这个方法，看上去简单粗糙，实则威力无穷，它能让一家好公司的投资价值非常清晰直观地表现在你面前，也能通过保守估计、设置安全边际等手法，降低由未来多种不确定性所带来的风险。

不过，你可千万不要以为"毛估估"看似大道至简，容易上手，我们随便毛估一下就能让你"发家致富"了。"毛估估"实际上却是一种"外面看一厘米，往深究一公里"的估值手法，它看上去上手简单，通俗易懂，讲求灰度，但是对功力的要求极深。

就拿投资雅虎的案例来说，虽然表面上看关键数据不多，过程简单，但当中的几个核心假设，却能看出段永平在商界打拼几十年累积的"道行"。

比如，关于雅虎未来十年每年的盈利数据。虽然段永平在文章中并没有揭露它对公司利润判断的依据，但从后来雅虎实际的财务情况看，当时段永平对雅虎未来十年盈利能力给出的估值，并非拍脑袋，而是经过了一番严格小心地求证。我们观察段永平对其他"毛估估"的判断也不难发现，他对公司未来每年能挣多少钱的估计，是他对公司生意模式深入分析思考的结果，并不是单纯的基于历史数据的简单"线性递推"，而这正是"毛估估"的难点所在。

再比如，投资雅虎的案例中，还有一个变数极大的事件，那就是微软和雅虎是否能够成功合作。有很多人可能会提出各种假设，雅虎和微软的合作能否顺利进行？中途是否会变卦？最终是否会被美国获准？即便成功合作，未来十年是否会存在其他变数？而从日后的结果来看，事件发展皆为段永平当初的预判，可见这个假设背后，是段永平深度思考的结果，是他对这个合作背后，对双方商业价值的全面理解，是他对美国政府政商关系的深入判断，是他对搜索业务未来业态演进的综合思考。所以，"毛估估"看似是一个简单的假设，背后实际上蕴含了无数个"子问题"，只要有其中某个问题没有想明白，都会造成整个投资决策体系的崩塌。

从这个角度看，想要靠"毛估估"赚到钱，光学会这个简单的"形式本体"是远远不够的，不能简单地机械式套用。所以，在使用"毛估估"这个方法的时候，一定要注意以下两个问题：

第一个方面，能让投资者真正赚到钱的"毛估估"，不仅要追求"成长性"，更要兼顾"成长性之中的确定性"。虽然使用"毛估估"的方法，会让我们清晰地看到很多一目了然的投资机会，但这个方法就是用来找"烟蒂股"式的投资机会，除了要考虑公司盈利的稳定性，千万不要忘记，"毛估估"是帮助我们去找真正具备成长性的公司。

第二个方面，"毛估估"并不会把价值投资简单化，它只是让我们投研的方向更加清晰和聚焦，让我们抓大放小，更精准地关注我们能力圈范围内的那些公司，分辨什么是影响其整个生命周期中企业盈利的主要矛盾和关键变量。总之，该花的功夫还得花。"毛估估"虽然简单，但并不意味着我们能力圈的边界就可以随意扩大了，我们对很多影响公司盈利的主要因素的判断，还需要花大量功夫。就像段永平在聊苹果的时候说到，他知道苹果这家公司未来 5 年每年能赚到 500 亿美元，得出这个结论整整花了他 20 年的功夫。

所以，"毛估估"的方法，功夫并没有花在计算的精确上，而是靠着对公司商业模式的长期理解和积累。

第十章

"段"聊财报

　　在他看来，投资分析中"定量分析"也是重要的，否则就是"空中楼阁"。这一点对段永平也不例外。他在分析被投企业时，对于关系到企业基本面情况的关键数据，段永平并不会以"不看财报"为借口，放弃对这些数据的关注，只不过财报的呈现形式太过繁琐，为了节省时间，他宁可让团队成员代劳，也从不忽略对重要财务数据的关注。

38. 我不是很经常看财报，没有巴菲特用功

价值投资者作出决策判断前，离不开高质量的信息渠道，以及高纯度的企业信息。而企业的财务报表，通常是很多投资者获知公司基本面状况的"第一扇窗"。

众所周知，巴菲特是一个货真价实的"财报迷"，阅读各类上市公司的财务报表，早已成为融入巴菲特日常生活中的一个习惯。巴菲特开过这样的玩笑："有些人喜欢看《花花公子》，而我喜欢看公司的年报。"在巴菲特看来，财报是投资者和企业交流的唯一"官方语言"，全世界的投资者都在看同一份财报，都站在同一条起跑线上，真正的投资高手，不是那些靠非公开信息取胜的"内幕派"，而是光看财报就能从企业身上识别机会的"掘金人"。因此，对于投资者，他衷心给出了这样的建议："必须要阅读无数家公司的年度报告和财务报告！"

虽然段永平接过巴菲特投资思想的衣钵，但在看财报的习惯上，段永平却并没有完全复刻巴菲特的做法。获取公司资讯时，段永平说自己"看新闻，看看雪球也就够了"，而不是拿着放大镜研究每家公司具体的财务数据。很多投资者投资公司后，会频频追踪公司定期发布的年报或者季报，但是段永平却觉得"这样很累"。比如，段永平虽然是"果粉"，但他曾经不止一次抱怨过苹果的财报"总是那么无聊，不看也罢"。

有一次，段永平在俱乐部里，与自己的一位朋友打高尔夫球。这位球友球打到一半，中途便突然离场。原来，他也买了苹果的股票，但一看时间，发现苹果即将公布财报了，于是便一个人赶忙回家，生怕错过了苹果财报里的重要信息。而在段永平眼中，打球显然比看财报更重要，苹果财报业绩的好与坏，与自己的投资似乎并没有多大关系，还不如继续打球，保持好心情，而不是被财报牵着鼻子走。

段永平说，"自己投资时，其实是不看财报的"，说得多了以后，很多人便会觉得他的投资判断似乎与财报完全"绝缘"了。但事实上，这是很多人对段永平的一个误解。因为担心一部分投资者对他"不看财报"的说法"照猫画虎"，段永平还多次申明过："财报还是一定要看的，不然就无从'毛估估'了。"可见他并不否认财务数据对估计未来现金流价值的作用。

例如，在段永平投资的早期，他会把研究公司的财务状况当作一项不可或缺的流程。而段永平投资美国拖车公司 UHAL 时，财务分析对这段投资的成功，实际上起到了非常重要的作用。

2004 年，一位朋友得知段永平涉猎投资，于是便给他介绍了一个"捡漏机会"。他说，美国有一家叫作 UHAL 的拖车公司正在申请破产保护，让段永平留意一下。这家成立于 1945 年的拖车公司，国内很少有投资者听说过。从业务上讲，他的地位相当于北美的"货拉拉"。但在当时，UHAL 的多元化投资失败了，因为举债扩张业务推进不利，公司陷入重大的财务危机。不过，这家公司的股价虽然已经跌到了 5美元，但是财报当中的每股净资产，居然还有 50 美元。

听到这个消息后，段永平是一半惊喜，一半担忧。惊喜的是，UHAL 当时的状况，属于典型的被资本市场所"误伤"，在他看来很少有公司的股价和内在价值有如此大的悬殊；但是每股净资产高达 50元，他担心背后是否会存在财务造假。如果这个资产状况是真实的，那 UHAL 未来有可能成为不亚于网易的一个绝佳投资机会。

不过他没有马上着手买入，而是在历时半年的时间里，陆陆续续了解这家公司的真实财务状况。不过他本人并没有翻阅财报，而是聘请了比他更懂财务的专业人士来做核查审计，与此同时，他还找了不同的信息源对 UHAL 的真实状况进行交叉验证。让人惊喜的是，虽然当时 UHAL 的实际经营遇到了困境，UHAL 在美国多地拥有很多房产，这些在财务报表上都没有表现出来。段永平认为，UHAL 只要出售一部分商业地产，很快便能度过眼下的困境，他也因此购入了当时很多美国股民避之不及的 UHAL。

要知道，投资 UHAL 对段永平来说，只是他投资早期阶段的一个特例。当时段永平的价值投资理念尚未完全进化，对商业模式和企业文化在投资当中的运用还没有演绎到炉火纯青的地步。后来，有人问到段永平，如何看待类似 UHAL 这类"雪中送炭式"的投资机会时，段永平便会坦然回答他们："我现在不会再买这种生意了。"但是，从中我们却不难发现，段永平对 UHAL 详尽而审慎的财务分析，对这次投资的成功是有重要作用的。

其实，财报对投资者投资决策的作用，很大程度上取决于投资者的投资风格及决策模式。早年间，段永平所投资的公司有一定"烟蒂股"的色彩，这种模式下，投资者需要以更加谨慎的态度核查公司内在价值的真实性，精准地判断公司净资产的价值，同时设置合理的安全边际，如果对公司真实的财务状况没有调查清楚，很容易碰到财务造假的公司。一旦遇到财务造假，或者企业遇到"价值陷阱"，投资烟蒂股很容易以失败告终。段永平在当时审慎评估 UHAL 的财务报表，也只是他早期投资模式中"把事情做对"的一种手段罢了。

到后来，段永平逐渐意识到投资烟蒂的模式不可取，开始更加关注有增长潜力的好生意，渐渐从"雪中送炭"的风格转变成为"锦上添花"。段永平所说的"锦上添花"类型的好公司，更需要对企业较长周期的增长盈利状况作出大致的"毛估估"，此时对企业过去财务资料的依赖便会大幅降低，而是更看重模糊的定性分析是否正确。财务报表对它投资结果的影响，开始慢慢变得"鸡肋"了。

其实，对于任何一个投资者而言，财报到底重不重要，本质还是取决于财报的关键信息，对于他的投资决策过程是否能够提供"增量价值"。以巴菲特为例，他痴迷于读财报，并不只是把财报当作获取一个基本信息的工具，相反，他会透过财务报表，总结归纳商业社会普世规律。透过财报跳动的数字，巴菲特能够触类旁通，快速理解一家公司业务的本质。对他而言，阅读财报不仅是理解商业模式的基本功训练，还是他对商业的本质进行归类，发掘优秀公司价值密码的一个管道。这也难怪，段永平会时常"佩服"巴菲特，光看财报和新闻就敢投资苹果这样的企业。

段永平曾说过："要学会什么是好生意，最好的办法就是去做个生意，别的办法都要比这个慢而且不扎实。"而段永平本人，正是这个方法最好的例证。他在研究苹果公司时，并不太关注财报显示的每个季度用户数据变化，而是把苹果的商业模式，和自己在经营步步高期间对制造业"理想商业模式"的理解对比，才得出苹果"单一产品模式"值得下重注的结论。而试图通过随便翻看两眼财务数据，就称自己已经看懂了整家公司，无疑是对自己的能力圈"自欺欺人"。

39. 看得越短，投资越难

不爱钻研财报，不追踪高频数据，这些富有"阿段"特色的习惯，他时至今日仍在保持。

我们会发现，段永平的投资的"回报率"，和他在研究市场时展现出来的"勤奋度"是完全负相关的。要知道，价值投资中，财务分析能力是一项谁都没有办法避开的基本技能。如果对公司财务的运作规则缺乏基本的了解，不知道上市公司财务数据的基本构成，投资者便不可能对企业作出适当的估值，更别提靠投资公司的基本面收获长期的惊人的回报。

可是段永平就是这样一个"投资异类"。也许是出于谦逊，每每聊到对财报"避而远之"的原因时，段永平要么戏称自己在财务功底上"学艺不精"，要么调侃自己"生性太懒"。段永平并不是一个"工作狂"般的投资人，但他却是一个最懂使用"二八法则"的投资人。在他看来，小到一家公司的财务税务，大到一家上市公司的财务分析，是一个"一米宽，万米深"的专业技能，很难靠一朝一夕的简单学习达到精通的地步。而涉及与财税相关的问题时，段永平向来主张"专业的人做专业的事"。比方说，有人请教他，在美国投资股票是公司持股还是个人持股好时，段永平回答说，"这是会计师该干的事"。

那么，到底多少财务知识才算真正够用呢？段永平的态度却十分折衷。其实在投资中，他经常观察到这样一些现象。他与身边很多擅长公司分析的专家交流时，发现他们谈论起公司的财务数据时如数家珍，甚至能精确到小数点，但是一旦双方交流到公司的实际业务时，他发现"财务专家"对生意的理解并不到位，充其量只能算一知半解。段永平有时也会感叹，全世界做价值投资最杰出的一群人，并不是出身顶级商学院的教授。此外，他发现有的投资者非常关心公司的股东大会，但凡是关乎企业财务数据风吹草动的"大事"，这些投资者总是比任何投资者都要积极，而段永平对他们这些"表面上"的努力，总是报以非常不屑的态度，不是因为不重要，而是因为他们把研究公司的"受力点"放错了地方。

在段永平看来，财务知识的确很重要，但基本的财务知识够用就好，完全不懂财务知识是有风险的。对段永平来说，他自己在经商过程中，所积累的财务知识完全够用，不至于谈到基本的财务常识时"两眼一抹黑"也就足够了。他宁可"集中优势兵力"，用大把时间来把生意看精，也不会"抓小放大"，在不占优势的细节上使"绣花"的力气。因为真正决定投资结果的，是对所投生意定性分析的结论，而非把定量分析的过程精进到"无懈可击"的水准。

段永平对"财报功夫"的"懈怠"，只是一种"战术懒惰"，他比谁都清楚，财务知识只是够用就好，但如何透过财务背后的数据，看透公司经营的本质，才是很多财务投资者真正缺乏的"战略勤奋"。

很多投资新手在刚开始研究公司时，经常会把"财务分析"误以为是价值分析的全部，一旦他们对"财务能力"过度关注的思维没有被及时矫正，很容易陷入对"工具"的过度学习，导致他们无法真正沉下心来关注业务，研究公司时"重心偏离"。一般来说，一些投资者会有这样的观点，要搞懂公司，先要看懂财务。似乎不把财务知识掌握得滚瓜烂熟，投资就没有办法获得回报，他们的精力用在学习各类财务课程，而真正决定投资效能的公司业务逻辑，他们只是看个大概、不求甚解，一旦投资的结果不理想，他们不会认为是自己"业务看得不够深"，反而是觉得自己"财报学得不够好"，于是乎掉进了误用财报的"勤奋陷阱"。

另外，很多投资者很看重财报，正是因为财报有"避雷针"的作用。有大量的上市公司，出于讨好市场、做高市值的目的，会对企业定期公布的财务数据加以粉饰。所以，有的投资者害怕中了"假数据"的圈套，会更加放大财务分析的重要性，目的是想给自己炼出一双一眼看穿业绩真实性的"火眼金睛"。然而，投资者难道真的可以通过财报，发挥它"避雷针"的作用吗？

段永平在这个问题上最有发言权。在他过往的投资案例中，有不少公司曾经深陷财务造假的风波。比如，2001年，网易曾因员工的失误，被纳斯达克审计指控为财务造假；而2005年，创维的高管黄宏生，也曾被香港的廉政公署传讯，指控他涉嫌贿赂会计师，挪用公司账户的资金；而在段永平投资万科之前，外界一直担忧它的财务数据是否存在业绩虚增的可能，要知道，在当时地产企业虚构合同、虚增利润早已是业内心照不宣的潜规则，人们有理由担心身为龙头的万科很难"出淤泥而不染"。

这些在当时人们"避而不及"的公司，所谓的"造假风波"只是虚惊一场。有人认为，段永平沉浮商海多年，能数次"化险为夷"，并且完美避开有造假风险的公司，是因为他在识别公司业绩和财务数据的真实性方面，有着一套独门绝技。我们都知道，段永平持仓的公司主要集中在美国。美国的上市公司，在严防公司的财务造假上设置了极高的违法成本，对上市公司财务披露的监管要求也更为苛刻，所以出现A股上市企业这样业绩频繁暴雷的概率并不是很大。但这也并不是他能完美避开财务雷的原因。

在他看来，投资者避开财务造假风险最有效的方法，并不是拿着放大镜，从中找到公司财务造假的蛛丝马迹，我们要做的其实是"明知山上可能有虎，就不要往山上走"。他告诉投资者，如果"连业务的做假都看不到，那财报做假就更难看到了"。换而言之，他之所以能避坑，是因为他真正做到了"从源头防范"。明知道自己连业务也看不懂，那就不要指望能从财报里看出公司的造假痕迹。最智慧的做法仍然是"不懂的坚决不碰"。财务投资作为避雷针，并不是作为一种"业绩暴雷"的预警指标，而是应该作为自己避开"能力圈"之外的避雷针。

某些投资者持有股票时，在公司的财报公布前会患上"财报焦虑症"，他们担心公司一时销量的减少会折射出公司基本面的式微，更担心分析师专业的"看空"建议会严重挫伤公司的股价。为什么和普通投资者相比，段永平能做到远离业绩的假象，坚定地站在自己看好的公司这一边呢？段永平曾经援引了一段库克的访谈：

"鲁宾斯坦：当你发布季度财报时，分析师总是说'苹果没有像我们想象的那样卖出那么多产品'，这是否会让你感到困扰呢？

"库克：曾经是这样，但现在不会了。我们需要长期经营苹果。我总是觉得奇怪的是，人们非常关注我们在90天内卖出了多少部手机。我们所做的决定是影响今后多年的决定。我们曾明确表示，我们不想为那些想快速赚钱的人管理公司。我们需要长期经营这家公司。"

（2018-06-14，段永平的雪球账号）

不难发现，对于他真正看重的好公司，他似乎对"成绩单"的好与坏并不以为意，甚至还特别反感那些为了迎合华尔街，大搞"市值管理"，颁布某些"应急措施"讨好公司股东，刻意让公司财报显得好看的公司。他的理由就是，真正优秀的公司，所有的决定都是围绕着长期作出的，不会因为短期的利润讨好任何人，反而是那些"短视"的公司，企业文化本身就有明显的缺陷。

有一部分投资者在估算企业的实际价值时，过度依靠企业过去历史经营数据，而公司的财报对他们而言就是一个重要的信息来源。这些数据看似客观公正，用它们计算出企业的价值貌似合理，但得出的计算结果，真的能帮助投资者在投资中稳操胜券吗？张磊在他的投资著作《价值》中描述过这样一类专业投资者，"他们非常投入，基本功非常扎实，做分析建模型都很厉害，而且往往都是百科全书式的"，张磊把这群人比作价值投资中的"投机主义者"。他们坚信一点，靠财报和自己专业调研得出的结果是理性客观的，得出的结论是真实可靠的，虽然他们做到了对自己诚实，做好了自我认知，但张磊却认为他们却是在做另一种形式的自我欺骗。这群人赔不了什么大钱，但通常也赚不了什么大钱。

而段永平在和粉丝互动的过程中，也表达过对此类专业分析师和他们计算的结果类似的观点。曾经有粉丝在段永平面前吐露过，他们对华尔街分析师的精密计算的精确结果深信不疑，对大行的分析师凭借着扎实的财务基本功推导出的投资建议百般笃信。然而，段永平却给他们泼了一盆冷水，告诫他们千万不要盲从轻信大行的分析师给出的投资建议。他旗帜鲜明地提出，按半天计算器才能算出的一点利润，还是不投资为好。

在他看来，大部分投资分析师，最大的问题在于眼光太过短浅，很少能找到真正把握企业未来三年甚至十年成长价值的分析师。虽然他们经过专业的财务训练，各种估值模型运用得炉火纯青，但大部分投资分析都是盯着几个月或者至多一年的数据，即便财报再好，报告写得再漂亮，到最后也只是"屠龙之技"。他说："这些人顶多只能看两年，能看远点的基本都不愿干这份工作。"既然看不到长期，那这样的分析结论怎么能保证可以带领投资者赚大钱呢？

从这个角度，我们不难发现，不论是看财报的数据，还是面对市场上关乎投资标的的各种信息，段永平更加重视的是能否反映企业未来成长空间的基本面，即便一段时间内财报给出的"成绩单"没有那么亮眼，他也并不担心。只要是段永平看重的好企业，他就不会因为公司业绩一城一池的得失，而对公司的长期发展丧失信心。

因此，千万不要相信财报就是万能的，妄想着靠财报就能轻轻松松排雷避坑、掘金发财。我们要摆脱的，其实是对"财务至上"的误区。

40. 看财报的目的，是剔除不想投资的公司

透过一家企业公开披露的公开数据，我们往往能由表及里、抽丝剥茧，还原出一家企业经营的真实面貌。对于普通投资者来说，关注企业的财务数据，初衷无非是"找出可以投资的好公司"。然而在使用财报的目的上，段永平依然有他"反其道而行之"的考虑，财务数据对他而言，更多起到的是"剔除不想投资的公司"的作用。

在谈到财报的价值时，段永平坦言，财务数据是个非常有效的"过滤器"，能帮助他节省大量的时间，远离某些单从财务信息上看就不是十分健康的公司。有时，在谈到某些行业的某些公司时，段永平并不需要仔细研读财报，就能从其所处行业大致的财务指标特征，大致判断这些公司的段位高低、成色好坏。

比如说，段永平虽然投资过万科这样的企业，但是对地产相关的公司，他始终会感到不踏实，这与房地产行业通行的"高负债经营"的财务特征有很大关系。我国房地产企业，在过去经历了将近二十年的黄金发展期，地产企业在供求两旺的市场环境下，为了跑马圈地，拔得头筹，不惜通过大举借款抢夺土地储备，向银行抵押在建工程，在"拿地—卖楼—继续拿地—继续卖楼"的恶性循环当中，疯狂扩张自己的商业版图。在房地产高速发展的阶段，举债扩张在常人看来不仅不是"风险"，反而还成为预测未来地产企业增长的重要指标。

段永平曾说："我对房地产企业的高负债感到困惑。"虽然他投

资过的万科，也有负债经营的问题，但是这并不代表他不在乎负债指标。相反，段永平曾明确表示过："如果万科没有负债，我会给他们加很多分。"负债作为一种有效的融资杠杆，在行业上行期的确能起到撬动企业利润的作用，但是段永平仍然还是会"过滤"掉这些公司。

不只是负债，从财务特征来看，段永平对很多"杠杆性质"的财务指标一直都保持着相当高的警惕性。比方说，他会关注一家企业的资本开支是否过重。资本开支过重的行业，往往产品的更新迭代速度快，企业为了保持竞争优势，不得不在设备等固定资产上砸很多钱，付出高昂的利息成本，这样的企业短期的现金流安全很容易有风险，而长期来看，利润率因为资本开支而摊薄，结果也并不会令投资者有多满意。再比如说，有的企业"应收账款"很多，这样的企业即便从账面上看营业额很可观，资产状况也过得去，一旦出现应收账款收不回的情况，也很容易因为资金链断裂，随时随地出现经营危机。这类企业显然不会让段永平"睡得安稳"。

由此可见，段永平在审视一家公司的财务状况时，首先看重公司的财务安全性与稳定性，其次才会去考虑公司的现金流状况和资产状况是否有值得关注的空间。其实，早在段永平执掌步步高期间，他对财务状况就一直保持极其稳健的"本分"态度。比如，步步高从来不向银行借款，不支付高额的利息，同时公司的应收账款也维持在很低的比例，不片面追求表面的繁荣，而丢弃企业长久经营的底线。他在之后投资公司时，也把这个"优良传统"保留了下来。

当然，段永平研究公司时的"火眼金睛"不止在"安全性"这一条。他虽然没有接受过科班的财务知识的训练，但在给财务数据"脱水"的能力上，并不亚于顶级的商学院教授。他是一个更加看重企业长期投资回报的人，他并不局限在学院派设定的"财务投资"的框架中，给一家企业定性，而是真正关注那些对企业的"长期投资价值"真正有用的财务指标。

比方说，段永平曾原创过一个"独家"的财务术语，叫作"有效净资产"。有一定会计基础的朋友都知道，在公司的会计报表上，我们经常会看到"净资产"这个词，它指的是公司目前的资产减去负债之后，真正归属于股东所拥有的资产。这个指标对很多价值投资者来说很有指导意义，一般来说，当一家公司的每股股价严重低于其每股对应的净资产时，理论上来讲，这家公司的价值已然被市场严重低估了，买入这样的公司无疑相当于是"捡了便宜"。

同为价值投资者，段永平对这类单纯以"每股净资产"来确定是否被低估的思维方式有所怀疑。一方面，很多公司虽然股价是低估了，投资者买入之后便宜是捡到了，但谁也不能保证买入之后股价一定会涨，这也就是价值投资界常说的"价值陷阱"。另一方面，公司的资产是持续产生公司未来现金流的"机器"，然而单看资产，有些公司名下拥有的资产和主营业务相关的现金流之间，可以说是毫无联系。比如，一家从事科技制造的企业，名下投资过很多厂房作为固定资产，还买了一些一线城市的房地产，从资产的价值来看算得上是实力雄厚，但并不能以此断定企业的实际竞争力和未来的盈利能力。

为了说明这个问题，段永平给大家打过一个很通俗的比方：有人在一个渺无人烟的地方，耗资整整 1 个亿，建了一家度假酒店。因为酒店所处位置不佳，所以每年大概有 500 万的亏损。现在拥有这个酒店的人，打算以 5000 万的价格把酒店以 5 折的价格转让给你，你会愿意接手吗？很显然，拿下这家酒店，的确算捡了一个半价的便宜，但是这家酒店再便宜，也是一个不会制造任何持续现金流的"累赘"。从数字上看，这家酒店资产就值 1 个亿。但对投资者来说，其真正的"长期价值"却不值一文钱。

所以，段永平发明了"有效净资产"这一个词。所谓"有效"，指的正是那些和企业的"未来净现金流折现"有关的净资产。换而言之，我们估值时，不应该被净资产的表面上的"虚胖"所迷惑，如果净资产与企业未来的现金流无关、与公司的主营业务无关、与长期的竞争力和护城河构建无关，这样的"便宜"也是虚妄的，并不会给投资者带来回报，甚至可能是"负回报"。

　　段永平对财报的理解，才是真正的"大道至简"，有时过度关注细枝末节的数据，过于注重报表技术和统计规律，反而让我们忘记了财报的本源，是揭开商业模式运行背后的精髓，是还原一家企业最真实的"长期内在价值"。

第十一章

买见"平常心"

不得不说，在股票买入时机上，说段永平是"抄底大魔王"一点也不夸张。许多媒体在报道段永平时，都有一个不成文的共识。但凡在新闻标题里加上"段永平抄底"的字眼，股民们便会鱼贯而入，手持放大镜，仔细揣度他每个买入动作背后的独家思考。

41. 买到底部是运气，这世界没人知道底在哪

如果对段永平"抄底"的封号追根溯源，自然要从他"首战"投资网易说起。一战即封神，神就神在他对"底部"超乎常人的嗅觉和敢下重注的决断。2002 年，网易当年遭遇的"浩劫"，几乎是各类抄底题材的叠加版。泡沫破裂，被指退市，财务风波，情绪低迷，但是段永平看到了"假相"背后的"实相"，仍然在股价低于 1 美元时压上了所有身家。自此以后，"抄底"成为大家对段永平难以抹去的"一道标记"。

不止于此，投资创维前，时任高管黄宏生涉嫌财务造假以及挪用公司资金，在市场认为"创维危矣，大厦将覆"之时，段永平还是在股价低于 1 港元时果断出手。2014 年段永平持有茅台之前，白酒行业也碰巧受到了"塑化剂"事件影响，人人恐白酒而不及之时，段永平公开送检，而真相大白后，他更是率先投资。段永平每一次买入动作都被市场认作是"奇观""危机—抄底—反转"的熟悉剧本，过后来看皆佐证了他的料事如神。

然而，在段永平自己的实际体会中，他"抄底"并没有我们臆想的心惊胆战或惊险刺激，而更像是一种被眷顾的"运气"。而对于"抄底之王"的谬赞，他认为这并不值得称道，甚至连放到媒体上宣传，都会产生巨大的负面导向。段永平表示，自己从未抱有任何抄底的主观意图，而在局外人眼中见到的"抄底"，只是他的"捡便宜"的一

个常规操作。

2010 年 4 月，有人向段永平问过一个假设性的问题，如果未来 TCL 或海信等公司的高管遭遇类似创维数码的风波，股价大跌八成，他是否会效仿当年"抄底"创维数码的逻辑，再一次"豪赌"呢？而段永平的答案，似乎与公众的预设是另一个极端。他首次表示："我从来都没有抄过底，我只有觉得便宜才买。"其实，段永平对"价格幻象"从来都是清醒和理智的，在他的字典当中，从来没有"抄底"这两个字。

作为一个价值投资者，段永平更是一针见血地指出了一个为普通投资者所偷换的概念："抄底不等于投资。"

为何"抄底不等于投资"？在段永平的概念系统中，他始终认为"抄底"是投机的概念。当交易者惶惶不可终日地"把抄底挂在嘴边"时，说明这类投资者并没有把公司放在第一位，而是把焦点投之于市场的波动：

"是不是底其实不重要。抄底是投机的概念，眼睛是盯着别人的。"（2010-04-24，雪球，段永平的雪球账号）

"再说一遍，我认为抄底是投机的概念。买股票时参考过去到过的价钱是危险的。抄底主要是看过去到过什么价，然后掉到一定程度跳进去，有可能真的会跳进去出不来的，如果不知道买的是什么的话。"（2010-05-09，雪球，段永平的雪球账号）

一般来说，交易者会痴迷于"抄底"，动机大概分为两种。

第一类动机叫作"情绪型抄底"，有些投资者相信，市场是由情绪主导的，但情绪也会随着事件的走向发生逆转。利空发生时，只有"人弃我取"才能"险中求富"，待到股价回归理性，马上落袋为安，不管幅度高低，也能小赚一笔。这类抄底行为，往往发生于某些公司突发不利新闻，或是业绩不及预期之时，不管他们对这些公司是否熟悉，只要跟随"专家"推荐，找好点位提前蛰伏，只要"跑得够快"，赚钱似乎是一件轻而易举的事情。对这类"抄底"的本质，段永平直言不讳："及时出手和抄底都是一回事，都是投机的概念。"

换句话说，这类交易者今天能抄底这只股票，明天也能抄底另外一只同样陷于此番困境的股票。在来来回回之间，段永平遇见了他们的命运，"你赚到的大部分财富大概不太会来自抄底。"

第二类抄底，叫作"伪价投抄底"。有一类投资者，他们从理念上的确站到了价值投资这一边，不过在行动上，却始终破除不了要"买得便宜"的执念。他们知道，坚持走价值投资，"好价格"是成功的三大要素之一，但他们始终摆脱不了时刻想要"精准抄底"的冲动。一旦买入一家公司之后，股价持续下探，或者连续几个月甚至几年没有回弹时，他们的价值投资"理想"便开始松动了。然而，真的是"理想"敌不过"现实"吗？

大量跟随段永平走价值投资路线的朋友，都或多或少遭遇过这一道坎。比如，2023 年 7 月，有个粉丝在段永平的留言区里"抱怨"过格力电器。他用价值投资的思路，挑选出了格力电器，可是 35 元购买之后，比起格力此前最高价 68.09 元，这个价格已然是"拦腰砍断"的抄底价，可谁曾想股价最低跌到了 28 元，而后如同过山车般，又涨回到了提问时的 37 元。股价的低迷，让这位以"价值投资"自居的投资者，无比怀疑当初的决定是否正确。

这种矛盾纠结，并不是个案。很多人明明声称自己是"价值投资者"，却把关注焦点放在"抄底择时"上。也许是在买公司之前，对自己的判断"过度自信"，寄希望于"抄底"之后"反弹"，给他们的判断形成一种肯定；也许有的价值投资者只是过度地追求一种完美，他们既想贪婪地坐享长期回报的红利，又要试图验证自己每一次短线判断的能力。但是，用市场的回答，给自己的价值判断找嘉奖，无异于"削足适履"。段永平的评价很到位："人们实际上对短期的下跌是非常难以忍受的。"

段永平其实很早以前，就发现"底部"是一个彻头彻尾的伪概念。虽然从实际购买的价位上看，段永平早期买入大部分投资标的的"价位"与实际底部相差无几，但这并不意味着他把"精准探底"当作他投资成功的关键要害。

比如，2008 年金融危机后，段永平和"师父"巴菲特都共同锁定了通用电气背后巨大的投资机会。通用电气的股价从 38 美元下跌后，巴菲特在 2008 年 10 月 2 日宣布，将以 30 亿美元用于收购通用电气的永久性优先股。巴菲特很早就关注到通用电气的投资价值，只不过他和段永平都认为当时的股价太贵，而等到时机一成熟，两人便不约而同地抓住了这一千载难逢的"好时机"。值得一提的是，段永平的"底感"超过了自己的师父巴菲特，直到次年 2 月 20 日，股价跌破 10 美元时，他才开始大批购入股票。

不过，段永平事后对"徒弟打败师父"的说法并不认同。在他看来，"买得更便宜"完全是出于"运气"。而自己买到那个价位，并不是因为自己"神机妙算"预测到了底部的位置，只是恰好通用电气之后不再跌罢了。他甚至还做了这样的假设："如果（通用电气）再掉多些，我会买得更多。"

段永平甚至还会把"买在底部"当作一种"遗憾"。2003 年，有朋友告诉段永平，美国的一家拖车公司 UHAL 即将进入破产保护，并且敦促段永平赶紧去吃这个"天大的馅饼"时，段永平核实财报后便快速跟进。在 UHAL 的股价跌到 3.5 美元时，他小打小闹地买进了 100 多万股。也许正如段永平所说，"运气女神"再次降临到他的头上，这个卖价与底部相差无几。日后回忆这次买入的历史，段永平并不觉得"底部"有多好，相反他却说道："遗憾的是正好买在了底部，所以买的不够多。"

42. 要回到原点，把公司想象成非上市公司

"大道"每次在雪球公布自己的持仓时，很多看客总会以自己的视角，过度揣度他"不可告人"的动机。

表面上看，段永平说自己不看市场的眼光，但似乎每次都十分谨小慎微。就以购买通用电气来说，2009 年 2 月 20 日，当时股价已经跌破 10 美元，段永平仍然没有以较大的手笔重仓杀入，直到通用电气股价跌破六七美元时，段永平才开始陆续买入。而这样的谨慎作风，同样也在 2022 年段永平连续"抄底"腾讯时表现出来。这一年的 3 月，段永平便早就撂下过狠话："对于腾讯，我计划每掉 10% 就加仓一次。"

这样的买入策略，究竟是意欲何为呢？是段永平在每一次短线走弱的时刻，对市场还是抱有担忧？还是说段永平像很多人误以为的那样，是通过某种"分批买入，分散定投"的方式，规避市场前景不确定所带来的风险呢？

其实，段永平的买入策略，看似"有招"，实则用的是一种"无招胜有招"的买入策略。表面上看，段永平的"加仓"很有章法，不仅完美演绎了一个价值投资者"越跌越买"的风格，在每次买入的仓位控制也是在"小步快跑"，多次小幅加仓控仓。对于外界所看到的"高深莫测"的买入操作，段永平本人并不想过多解释。外界所谓的"章法"，在段永平看来只是他守住"平常心"的操作罢了。那么，潜藏在段永平买入方法背后的真相到底是什么呢？让我们来回顾段永平多次加仓

腾讯的这段故事。

2022 年，段永平"N 次抄底腾讯，反复坐过山车"的经历，的确让很多朋友雾里看花了。2021 年 2 月 18 日，腾讯的股价达到最高点 775.5 港元，而一年之后，腾讯的股价跌幅已跌去 50%。作为中国互联网公司市值的"第一梯队"，腾讯在 2021 年以后开启了"十年表现最差"的行情模式。2021 年，是腾讯的"多事之秋"，2021 年 8 月之后，游戏行业加强对未成年人的反沉迷监管，游戏版号审批发行也随即停止，腾讯首当其冲。同时还在进行的监管政策，还包括对互联网平台经济的反垄断限制，大量被认为是限制竞争的收购被叫停。

2022 年，国际环境急转直下，国内疫情超预期发展，在这样内外共振的市场环境下，腾讯股价下滑的"加速度"大大提高。即便有大量投资者对腾讯的长期价值仍然看好，但不管机构还是个人，在股价持续下探的压力面前，这样抄底"好公司"的机会并不是谁都能接得住。

然而，段永平却接住了这一把"飞刀"。早在 2021 年 8 月 4 日，腾讯股价跌至 421.2 港元的低点，段永平当日曾发文称"今天买了点腾讯控股，再跌再买"。2022 年 2 月 28 日，腾讯的总市值跌破 4 万港元的整数关口，有网友说腾讯又到"大道底"了，段永平没有让网友们失望，他明确表示，这个价格已经低过自己在 1 月 15 日的价格，随后便以 53.5 美元的价格买入了 10 万股腾讯控股的 ADR（美国存托凭证）。不出所料，这次"大道底"成为标准意义上的一把"大飞刀"，不到一周的时间里，腾讯股价继续下跌，他腾讯账户里的浮亏，也随着股价下挫不断增加。

段永平这时没等到股价的反弹，但却等来了网友的喊话。3 月 8 日，段永平继续表示自己计划"每掉 10%"，就加仓一次腾讯。他的确没有食言，随后在 2022 年的 3 月、4 月、8 月和 10 月，段永平以不同持仓幅度加仓腾讯。光是 10 月份，他买入的次数就已经达到 3 次之多。

因此，他的操作在很多"技术派"看来，带有鲜明的"定投"色彩。一般而言，在"左侧交易"占主导的市场环境下，分批加仓是个控制风险的有效操作，而股价每跌到一定幅度再酌情买入，不仅能做到"越跌越卖"，还能摊薄买入均价，达到"越买越便宜"的效果。段永平的"定投动作"，让一部分平时习惯了谨慎控制仓位的投资者拍手叫绝，他们甚至还有意向段永平讨教，问他为何选择10%的触发比例，试图打探出段永平在加仓方法上是否有"秘而不宣"的独门秘诀。

而段永平后续的回答，似乎让这一群试图解释他"分批操作"风格的"技术流"失望了。

首先，我们知道，段永平对腾讯的投资可谓是"蓄谋已久"的。早在2018年10月，有人问到段永平对腾讯商业模式的评价时，他就已经表示持仓当中已经涵盖了小部分腾讯，但是当时段永平对腾讯还算不上十拿九稳，即便当时腾讯的股价距离此前最高点有所回落，段永平还是舍不得"用苹果换腾讯"；而到了2019年10月15日，当时段永平再度点评腾讯，并称"马化腾人不错"，再次承认自己确实买了一点腾讯，但比例和之前相比没有变化，依旧保持在很低的仓位。

可见，从商业模式再到企业文化，以及对公司管理者人品的判断，段永平一直在暗中默默思考腾讯的投资价值。而2022年他决定大举加仓腾讯，固然和腾讯当时危机之下股价被市场低估有关，但此次买入，并不是一场"无准备之仗"。但是，段永平买入腾讯虽然有计划，并不像很多人想象的那样，采用的是"定投"买入的策略。

定投买入的前提，是投资者事先必须要预留一笔现金。加仓的过程也并非"一次完成"，而是在市场探底的过程中，根据股价变化的走向，分批用光手里的子弹。但这并不符合段永平资金的实际使用情况。我们知道，段永平一直声称自己是"满仓主义者"，这意味着他不可能专门为投资腾讯预留一大笔现金。对此，他还专门解释过："作为一个满仓主义者，我怎么可能有闲钱？"那么，分批投资腾讯的资金到底是从何而来的呢？

了解段永平炒股习惯的朋友应该不陌生，他平时的投资除了投资股票之外，还有配置一部分股票期权的习惯，这些期权是有到期日的。

一旦期权到期释放，段永平的手里便会"多出"一部分自由的现金，而恰好在当时的市场条件下，腾讯越跌意味着日后这些"闲钱"的回报会越大，因而我们看到的"分批买入"，其实只是段永平刚好把这些释放出来的"闲钱"配置到"价格合适的好公司"罢了。

而关于之前有人提到的，为什么段永平会选择以 10% 的比例动态加仓腾讯？段永平是这样回答的：

"其实是 9%~11%，当然 15%~21%，18%~30% 也都可以，还想问为什么吗？当然，如果你还有闲钱的话。腾讯目前占仓比重还非常低，目前对我的吸引力还没到让我卖掉任何别的股票去换的地步，但再掉几次说不定我就要认真想想了。"

由此可见，段永平的买入策略，并非我们很多人臆想当中的"精密计算，算无遗策"，相反还有几分"随性"的意味。但真正决定他投资收益的，并非他在择时的手法上有多高明，而在于他只是把重点放在了"选股"本身。这才是段永平"无招"背后，真正的"内功"所在。他对腾讯股价不确定性的风险管控，精髓并不在于是"跌去 10% 还是 20%"就要加仓，而是基于他对腾讯数年的谨慎考察。

段永平的钱，只投资上市公司，从不投资"非上市公司"，不做风投。但他投资上市公司时，常常说要把上市公司当作"非上市公司"看待，背后正是他的风险控制之道。

作为股东，投资者看待公司股价不确定性的心态也会完全改变。在段永平看来，如果你把公司看作非上市的，那此时上市公司的股价，本质上来说就是你收购这家公司时"市场先生"愿意报出的市场价而已。"市场先生"的报价会受到各种短期的情绪性因素的影响。但作为股东，你要做的只有一件事，那就是谨慎计算被投公司未来的成长价值，而不是被"市场先生"每天给出的不同"报价"牵着鼻子走。

我们见过很多情绪管理能力极强的交易员，他们面对变幻莫测的市场时，总能表现出一种宠辱不惊、盈亏不惧、气定神闲的态度。不过，他们的"定静"来自日复一日操盘交易的磨炼、历经牛熊转换后的理性应对，以及无数次惊涛骇浪的突发事件的考验。

没有在股票市场历尽"淘洗"的段永平，之所以能具备这番对市场情绪从容淡定的能力，来自他长期经营的经历。在国内从商多年的段永平，并没有把一家家公司当作价格每天持续浮动的交易标的看待，他眼中的上市公司，本质上还是为社会创造财富的一桩桩生意，投资者对上市公司保持这样的"非上市"视角，做到"目中无人"，才能"以静制动"，在短线的波动面前才可以保持宛如"石佛"的定力。

43. 买股票的好时机是可遇不可求的

段永平看懂了一家公司的投资价值后，并不会当即做出买进股票的动作，而是会为了一个"合适"的买入价格，潜心等待若干年。一旦这些好公司的股价"大掉"，段永平才会"动若脱兔"，抓住这样千载难逢的好时机。可以这么说，段永平的"买入哲学"的精髓在于"守株待兔"，而"守株待兔"的真正秘诀在于"不求自得"。

关于买股票的"好时机"，段永平的态度一直非常"佛系"。按照格雷厄姆的价值投资理论，做好投资的本质在于找到真正的"三好学生"，也就是好的商业模式、好的企业文化及好的价格，投资者只要以一个相对于其内在价值相对便宜的价格，买入好公司的股票，这样的投资就算符合价值投资的标准。

可是，段永平发现了这样一个问题，很多价值投资者并不是不想投资好公司，也并非投资好公司不容易赚钱。真正什么样的公司算得上好公司，得出结论并不难。但好公司往往是世人皆知的，这意味着在市场风平浪静的阶段，真正质地优良的公司会存在"好货不便宜"的现象。要是投资者对好公司未来十年的上涨空间把握不透，只是跟着市场普遍估出的价格做投资，价格随便上涨一点就着急脱手，那再好的公司也很难给投资者带来可观的回报。

而投资好公司的最佳时机，往往不是"和平时期"或者说"全盛时期"，只有市场遇到超常规的震荡，或者个股碰上了不损元气的"黑天鹅"，才是买进好公司的黄金窗口。段永平很早便发现了这个窍门，他是这样概括自己的"不择时"方法论的："择时非常难，我非常不擅长。如果是在我喜欢的公司大跌的时候，我会非常舒服地把钱放进去。但如果刚好公司近期涨了很多的时候，或者是近期可能有些大事件的时候，我可能会选择稍微等一下。"在他看来，真正的好时机是"可遇不可求"的，一旦遇到了，即便是"满仓奔跑"，未来也一定会收获皆大欢喜的好结果。

可是，这种"等待"的智慧，对于很多热衷于频繁交易的投资者来说，并不是一项容易修炼的功夫。有的投资者，平日里一直期盼着遇到投资好公司的好时机。可当"黑天鹅"事件真的发生在眼皮底下时，他们脑海中又会冒出新的顾虑：股价跌成这个样子，是不是公司基本面的形势已经发生了逆转？要是买股票采用"左侧交易"，抄底抄在半山腰怎么办？要是股价一直不反弹，中途用到的资金利用效率降低怎么办？如何才能保证这个黑天鹅事件不会带来一连串后续的投资风险？明明是千载难逢的"好机会"，为何转眼就变成了"时机未到"呢？究其根本，还是由于这类投资者对公司的业务理解不深，对公司长期的成长空间捉摸不透所导致的。

普通投资者投资好公司很难赚钱的症结正是在此，平时他们"嫌贵"，以至于空仓的时候"无所事事"，转而瞎买瞎卖疲于奔命，无意间持有了一些自己看不太懂的股票，一不小心亏了，索性就割肉离场。但真正碰上了好公司变成"白菜价"的机会，却又开始患得患失，担惊受怕，让"捡便宜"的好机会从眼皮子底下溜走。对投资者来说，对于"可遇不可求"的机会要是过于强求，时刻抱着一颗警觉的心渴求市场"普降甘霖"，不仅不会如愿，反而会适得其反。而对市场来说，好机会什么时候会到，几乎是无法预测的，这个不以人意志转移的规律，对于段永平也不例外。而"放弃抵抗"，枕戈待旦，不到好时候切莫盲目行动，才是一种"以不变应万变"的智慧。

当我们回顾段永平所有成功的投资案例时，同样也会发现这样一个规律，真正让他赚得盆满钵满的投资时机，并非是他有意求之，而是"妙手偶得"。相反，他投资当中刻意求之的"出招"，大多以惨淡的结局收场。

这样的例子有很多。比如，段永平与网易投资的结缘，某种程度上并非他在"主动择时"，而是出于某些巧合的完美相遇。丁磊当时对公司的营销可谓说是一头雾水，他与段永平的见面，正是为了向他讨教相关的经验。在沟通中，段永平无意间知晓了网易的游戏情况，凭借他对游戏的理解，才让他发掘了当时投资网易未来可能给他带来的长期回报。就连段永平本人事后回忆也说："当年的网易是可遇不可求的，而且现在就算碰上了，对我的帮助也不大。"

无独有偶，段永平在金融危机时，主要投资了通用电气，同样是一桩"不求而得"的投资个案。在常人看来，金融危机期间便宜的股票遍地都是，段永平随便找一家公司都能赚钱。可事实并非这样，其实段永平和巴菲特很早都关注到通用电气的投资价值，段永平甚至把通用电气 CEO 吉姆·柯林斯的《基业长青》当作自己的床头书来反复阅读，而金融危机恰巧成了他"可遇不可求"的一个投资机会。

其实，在段永平投资的早期，他也曾犯过大量"空仓而不知止"的错误，还为此交了不少学费。比方说，他做空百度失利，据他自己本人所述，正是因为取得了一些不错的成绩，想要证明自己的主观判断，而当时手里正有大把的现金，才选择用真金白银的"做空手段"与市场较劲。不管是他出于"新手练兵"的目的，还是就是为了证明自己的投资判断，经历过这一场浩劫，段永平似乎明白了什么道理。市场的走向是不以人的意志而变化的，更不要相信自己有预测市场的能力，保持平常心，跳出市场框架想问题，以"可遇不可求"的态度从容面对投资机会，投资者才不会变为市场规律的奴隶。

我们知道，段永平在投资早期，还是比较注重"好时机""好价格"的重要性。可到了他投资思想成熟的时期，他甚至放弃了对好价格的苛求。2019 年，段永平重新更新过他对"好价格"的说法："其实我对好价格已经不再提了，价格合适就可以。"在破除了对"好价格"的执念之后，段永平在买入股票时，还尝试过很多"前后矛盾"的"追高动作"。比如，段永平第一次买入网易，是以低于 1 美元的购买价入局的，这个故事早已被人津津乐道。但很少有人知道，到后来网易的股价上升到 20-30 倍时，很多早前抄底的投资者早已获利离场，落袋为安了，而这个时候段永平仍然追加了网易的股票。对于茅台，段永平虽然在股价只有 100 元左右时就抄底购买了，但我们在后来涨到 1500~1800 元时也还买了茅台，因为 10 年后看这个价钱应该是低价的。

段永平是一个买股票"能高能低"的价值投资者。他总能在市场一片看空的氛围里敢于抄底，也从不忌讳在恰当的"高价"追加对好公司的投资。这是因为，在他的投资体系中，好价格永远处在第二位，而能放在十年的角度持有一家高成长的公司，对他来说才是最重要的。

第十二章

卖要守"本分"

在股市里，流传着这样一句俗话："会买的是徒弟，会卖的是师父。"谈到段永平在卖股票方面的造诣，我们很难相信他只是一个把投资当作副业的投资人。一方面，段永平持有的股票虽然不多，但是只要他下定决心持仓，绝对不会因为市场的一点风吹草动，便选择着急脱手。另一方面，段永平对买卖时机的火候把握十分到位，战绩十分令人佩服。比如，他曾经持有过一段时间的阿里巴巴、特斯拉和脸书等公司的股票，在他卖出之后不久，这些公司的股价便启动了下跌行情。

44. 卖股票唯一不应该用的理由，是"我已经赚钱了"

2006 年，段永平接受"第一财经"专访时，主持人曾抛出过一个十分尖锐的问题："捡到网易这么大的机会，靠的是不是运气？"而段永平却给出了一个毫不客气的回答："买到一块钱的股票，你可以说是运气；但你能拿到 80 块钱再卖，这绝对不是运气。"

2003 年后，网易的诉讼风波得以解决，业务也不断好转，股价一度涨到 70 美元。许多当时捡到便宜、经验老到的"老股民"，识相地陆续抛售网易的股票，以求落袋为安，他们并不知道日后网易发生的故事。从某种程度上看，他们的趁早离场的操作是极其聪明的。但他们没有想到，在当时同样"抄底"网易的人中，有一个名叫段永平的买家，他没有那么"聪明"，甚至有些"反应慢"，但这个"守住"网易最久的人，却成为当年那批抄底的人中获益最多的一个。

关于卖股票的方法，段永平曾经说过大量富有智慧的金句，在他看来，卖股票这件事是相当复杂的，原因也有很多，比如：投资者刚好需要急用钱，会着急卖出股票；股价如果失去理性，涨到了十分离谱的地步，他也会考虑是否要卖出。不过在段永平看来，不管卖出公司是什么样的理由，千万不要用"我已经赚钱或者亏钱了"作为卖出的理由。

按照常识，股票是一个"低买高卖"的游戏，股民到股票市场来不是做慈善的，而是以获取股票价差的收益为目的的。因此，投资者决定要继续持有，还是要果断离场，理应由这家公司"是否赚到了钱"来决定的。股价涨到一定阶段，账户的浮盈达到一定水平，"止盈"就非常有必要，如果没有及时获利了结，一旦出现意外情况，之前的盈利可能瞬间成为"梦幻泡影"。还有一些投资者，会因为短时间内股票账户出现亏损而果断离场，他们害怕市场的消极情绪继续蔓延，股价一直"喋喋不休"，与其焦急等待，还不如早点割肉止损。不过在段永平看来，这种天经地义的"卖股思维"，却并不适合用在投资好公司的过程当中。

在段永平看来，"众里寻他千百度"，找到一家兼具优秀的商业模式和企业文化的好公司太不容易，要是因为稍微涨一点或者跌一点就选择"分手"，是一种十分不值当的行为。表面上看，稍微贵一点就卖出，看上去是赚到了一些钱，但好公司长远来看远不止这个价格，当投资者发现日后好公司的价格已经"高攀不起"的时候，会极度后悔当初自己的"短视之举"。很多投资者之所以逃脱不了"涨一点就卖，卖了就大涨"的诅咒，究其根本，还是因为他们并没有看到这家好公司的远期价值。用段永平的话来说就是："公司还是那个公司，你因为股价跌了而卖了的这种行为其实就是投机，因为涨了又买回来也是投机。"

"不要轻易卖好公司"，"好公司不逃顶"，这个道理段永平也并非顿悟，早年间段永平也曾经有过匆忙卖出导致日后"高攀不起"的经历。

2010 年，段永平在博客上揭开了他过去的一道"伤疤"。大概在2003 年，段永平发现了当时在美国纳斯达克上市不久的"奈飞"公司（Netflix）。奈飞成立于1997 年，是一家以租赁 DVD 起家的创业公司。1999 年，奈飞推出了订阅制租赁服务，每个用户只需要每月支付 6.99美元，就能无限期租赁奈飞目录当中的所有 DVD。该服务一经推出，奈飞便火爆了全美，并在 2001 年快速累积了 100 多万的美国用户。

当时身在美国的段永平很快注意到奈飞快速增长的势头，于是他在股票价格还只有 9 美元的时候，买进了两百多万股。

段永平的眼光是独到的，不到几个月的时间，奈飞的股价迅速从 9 美元涨到 20 美元。然而，彼时的段永平还是新手，稀里糊涂就把自以为看得很明白的奈飞很快全部卖出。段永平回忆这段经历时是这样说的："我当时一高兴就卖了，到现在也没想起来当时为啥卖的。上个礼拜 Netflix 股价 190 多，按这个价钱，我等于少赚了接近四亿美金。"如果段永平当时能像持有苹果拿住奈飞，当初 200 美元撬动的投资收益，完全可以和段永平如今在苹果上赚到的收益比肩了。

"卖奈飞"给段永平上了沉重的一课。从上升空间来看，奈飞公司的质地完全可以和他后期投资的好公司媲美，但是段永平承认，虽然他当时"看懂了奈飞"，但还是犯了被市场的涨幅所蒙蔽的重大错误。他也因为才赚了一点蝇头小利便"沾沾自喜"，结果却导致了未来再也"买不起"奈飞，与日后数百倍的投资收益失之交臂。从此以后，段永平的"不为清单"上多了一条，伟大的好公司是不需要卖的，尤其是自己好不容易看明白的好公司，千万不要因为才涨了一点就随便卖出。

段永平并非凡人，虽然他日后已经尽量让自己主动避开那些会让他"急买急卖"的诱惑因素，但面对市场的干扰，难免会有不理性的时候。有的时候，市场经常会被很多"非理性事件"所干扰，再好的公司也难免出现股价的忽高忽低。这个时候，段永平会不断地向自己发问："公司还是之前的那个公司吗？"在他看来，只要公司的基本面没有发生根本性的逆转，自己对公司长期未来总的现金流的判断没有发生变化，为什么要因为这些事件的发生而"自乱阵脚"呢？有时段永平会把自己想象成"外星人"或"冬眠蛇"，不断向自己发问，如果有一天，外星人突然降临地球，或者冬眠的蛇从泥土中苏醒，面对这样的市场境况，他们会作何选择？

其实，段永平"卖公司"的诀窍并不复杂。一方面，投资者必须要对好公司未来的成长空间了然于胸，做到"风物长宜放眼量"。另一方面，不管短期之内"市场先生"如何给好公司定价，都要做到"目中无人"，坚信自己对公司长期的价值判断。

45. 盯住比赛，而不是记分牌

段永平曾在浙江大学举办过一场讲座。在向在场的观众介绍自己投资的经验时，段永平无意间谈到了他对自己做投资的评价。他说："我经常犯错，老是踩错点。"要知道，在这场讲座之前，段永平投资了万科。购买万科时，股价只有2元左右。不过，他对这个"白菜价"并不接受，经过思考和计算，段永平认定万科再怎么样也值10块钱。后来事情的发展与段永平的预判一致，万科股价最终涨到了10元。

到达了目标价后，段永平在要不要卖万科的决定上没有迟疑，他没有选择恋战，而是一口气全部抛光了所有的股票。可令人遗憾的是，就在段永平卖掉万科之后，股价最高涨到了40元。要是段永平选择"再等一等"，那可就是另一段20倍回报的投资佳绩了。于是，段永平才会有"老是踩错点"的这句感叹。

不过，对于这次失败，段永平并没有像错卖奈飞公司之后那样意难平。对于这个结果，他明确地表示这就是他"本分"内该赚到的钱："我对万科就了解到那个地步了，即便它后来涨上来，跟我也没有关系。"在他看来，有人能踩到更高的价位，是因为在别人的认知内，能看到万科更高的上涨空间，那么"别人活该赚这个钱"。

只在自己所能认知的范围内买卖股票，正是段永平一直以来都在严格遵守的投资纪律。他宁可踩错点，与股价的"顶峰"擦肩而过，也不会抱任何侥幸心理。在他的投资世界观当中，他认为卖出股票是要讲究火候的，拿捏这个火候最重要的标准，便是自己对于这家公司今后长期价值的认知。有时候，一家公司的股价还没有走到自己设定好的价值，如果就急着赶快卖出，只能说明对公司的长期价值看得不深；而一旦公司涨到这个位置还不肯罢手，只能说明做的还是投机，而非把价值当作投资公司的唯一准绳。

不过，我们也要看到，段永平有时选择卖出股票，并非全都是公司达到了相应的目标价。当他发现有的公司超过了自身的认知范围，或是之前对这家公司的价值认知出现了根本性的错误，这时他不会再像对好公司那样"惜卖"，而是会选择以最快的速度严格止损。因为在他看来，"犯错误及时止损，付出的任何代价都是最小的代价"。

比方说，段永平在 2009 年时，曾经购买过一只名为 UNG（United States Natural Gas Fund）的美国基金，这只基金是和美国的天然气价格指数挂钩的。段永平说，当他计划买入 UNG 的时候，他发现天然气的价格只有 3 美元左右，但是如果看天然气的长期成本，却已经高达 6 美元。凭借着以往的经验，他认定没有什么东西的价格会始终停留在长期成本之下，而这个指数基金的价格回归天然气价格的长期成本，是一件极有可能发生的大概率事件。

持有 UNG 一段时间后，价格并没有发生他所预料的"价值回归"。后来，经过段永平一番研究，他发现自己最初的判断是错误的，因为这只基金的定价，与天然气的价格并不是简单线性相关的。当段永平意识到这个问题的严重性时，他的账户已经亏损了，他没选择"涨一点再跑"，而是在账户还在亏钱的时候果断快速离场，后来段永平回忆，如果当时自己没有卖，预计亏损的金额会比当时卖出时的损失多 4 倍。

卖出 UNG，是段永平为数不多的止损案例。这次失利，也让段永平明白，如果对投资标的缺乏足够的了解，投资很容易吃大亏，而当买进之后才发现自己一知半解时，不管是亏钱还是赚钱，千万不要举棋不定，而是要在损失最小的时候及时止损。

当然，有时对一家公司的判断失误，有投资者自己认知不够、理解不深的原因，而由于信息不对称的存在，有时只有在投资之后，我们才会发现有些投资的公司逐渐暴露出的自身缺陷和不足。段永平并非完人，很多时候当他发现曾经看好的"好公司"，并没有像当初自己认定得那么好时，他也会果断选择及时卖出离场。

其中最经典的一个案例，便是让段永平突然"粉丝转路人"的特斯拉。提起特斯拉，段永平说这是自己犯过的"最帅的错误"。特斯拉是新能源汽车行业最具成长价值的企业，在新能源汽车板块大火的2019 年，投资特斯拉曾为段永平带来过很大收益。当时段永平眼中的特斯拉，是一家在竞争高度同质化的新能源车企当中，对产品做到了"差异化"的企业。要知道，段永平对制造业企业的差异化非常看重，而特斯拉汽车独有的科技感外观、出众的加速性能以及遥遥领先的续航能力等，都让段永平为之眼前一亮。

然而，自从段永平亲自体验驾驶特斯拉的汽车之后，他对特斯拉的观点慢慢发生了改变。在体验时，他发现了特斯拉汽车身上或多或少有一些毛病，质量并不过硬。更让他吃惊的是，虽然特斯拉有很多"铁粉"追捧，产品一直供不应求，但公司并没有很强的意愿去修复自身的质量漏洞。而说到创始人埃隆·马斯克，段永平看到很多自相矛盾的观点，更是观察到了他"出尔反尔"的一面。段永平一向稳妥谨慎，对于特斯拉这样一家"只以利益为导向"，而罔顾产品质量和消费者利益的公司，他逐渐丧失了兴趣。即便后来特斯拉的估值被市场炒上了天，他还是放弃把特斯拉当作自己投资的选项。

"这样的公司迟早会出问题。"段永平一语成谶。在他卖出特斯拉股票后的一年时间里，特斯拉的产品多次被媒体报道存在质量问题。2022 年 10 月 27 日，特斯拉发布公告，申请召回 2.4 万辆 Model 3 新款汽车，之后股价表现更是一落千丈，市值蒸发了几乎一半。段永平对特斯拉的"预判"，又一次被时间验证是正确的。由此可见，段永平并不害怕自己对"好公司"看走眼，但一旦他意识到公司并没有那么好，持有股票的"安全感"没有那么高时，他一定会马上卖出这家公司的股票。

当然，因为觉得"看走了眼"而"及时止损"的故事并非只有特斯拉一家，段永平一旦观察到手里持有公司的言行，存在与自身投资的价值观有不相符合的地方，不管这家公司过去曾经给他赚过多少钱，他依然会选择毫不犹豫地火速离场。

2020 年 7 月 31 日，段永平发布了一条雪球动态，公开表示自己准备全数卖出脸书公司的股票。这个消息令人有些不解。要知道，就在一年以前，段永平对脸书未来十年的成长前景还十分看好，他甚至放下过狠话，认定 10 年内脸书的净利润大概率会超过 500 亿。为何时隔不到一年，段永平却要和脸书划清界限，果断出逃呢？原来，在公布自己的清仓决定之前，段永平无意间在网上看到了一条新闻。2020 年 7 月 19 日，美国国会举行了一场听证会，当时听证会上接受问询的人中，有谷歌、亚马逊、苹果和脸书等多家互联网巨头的创始人，而当被问及"中国企业是否窃取了美国技术？"时，只有扎克·伯格一人向国会表示："这是毫无疑问的，我们有确凿的证据认为，中国从美国公司窃取技术。"

听到扎克·伯格所说的话，段永平感到"有些不舒服"。看到新闻的第二天，他当即清空了所有脸书的股票。在段永平看来，扎克·伯格的这一言行无疑就是在耍"阴招"，是他面对字节跳动旗下的 TikTok 产品抢占美国市场所采取的被迫应战的卑劣手段。不在台面光明正大地竞争，而选择利用如此下作的伎俩，只能说明脸书的护城河并没有那么深，就连创始人本人也没有那么自信。

"不忘初心"的段永平，也因此踩到了一波"狗屎运"。2021 年 9 月 30 日，"脸书"的股价最高点 384.33 美元，到 2022 年 10 月，市值已经蒸发了超过 70%，段永平也因为当时的"误打误撞"，避免了一波接近腰斩的损失。除此之外，段永平在投资公司时，一向把人看作主宰公司文化最重要的一环。

46. 不打算拿 10 年的股票，为什么你愿意拿 10 天

股神巴菲特在接受采访时，曾经这样总结过自己投资思想的构成，"我的投资理念，有 85% 的格雷厄姆和 15% 的费雪"。

格雷厄姆是一个典型的"价值股"投资派，他提出买股票就是买公司，而投资获得成功的关键，是要找到那些内在价值被市场严重低估的公司。费雪的投资风格则与格雷厄姆有很大区别，他并不喜欢循规蹈矩地研究企业报表，从股市当中挑出基本面被市场严重低估的"烟蒂股"，他更相信，只有投资那些超出平均水平的成长潜力股，投资才能获得惊人的回报。而巴菲特则是取两家之长，从底色上看，他十分注重扎实的基本面研究，但因为混杂了 15% 的费雪成分，导致他更希望找到真正具备长期回报的伟大生意。

从某种程度上，巴菲特并不主张频繁买卖股票，用"价值股"的分析方法投资"成长股"的他，每一次投资都格外谨慎。1994 年，在美国南加州大学商学院的一场演讲上，巴菲特透露了他投资战绩经久不衰的一个思维方法，他说："我可以给你一张只有 20 个打孔位的卡片，你可以打 20 个孔，代表着你这一生所有可以做的投资，但是一旦打完了卡片上所有的孔，你就不能再做任何投资了。"他后来继续补充道，"根据这些原则，你将会认真地考虑你的每一次投资，你会被迫三思而后行。"在他看来，真正伟大的生意是不需要卖出的，因此频繁买卖很多家公司，有时显得并不那么明智。我们只要买入并长期持有为

数不多的但极具长期增长潜力的生意，投资就会变得极其简单。

对于巴菲特"伟大的生意和公司是不需要卖的"这一观点，段永平是非常认同的，不过他却读出了巴菲特的言外之意。在段永平看来，所谓的"不卖"只是一个夸张的说法，巴菲特真正买入的公司很少有最后一直拿在手里的，但巴菲特想告诉大家的并非只是"不去卖"这么简单。卖出股票的风格，看似是一个自然而然的动作，但其实是由投资者持有一家公司一开始的心态和理念决定的。"买和卖"本身就是同宗同源的，段永平买入一家公司时，会不断地提醒自己："不打算拿 10 年的股票，为什么你愿意拿 10 天。"持有一家公司的过程中，他会不断保持空杯心态，用"非上市公司"的心态，克制自己想要卖出的冲动。始终保持这个习惯的段永平，也是一个"慎买更慎卖"的"不频繁交易者"。

很多投资者，其实天生自带了一种想要频繁交易的动机，手里一旦有钱，就想要到市场上寻找可靠的投资机会。在段永平看来，这正是每个人"天生的投机冲动"，这种冲动是一种很难戒除的"瘾"，就连段永平所认识的很多投资牛人，也很难克服这种冲动。如何克制这种冲动，其实是每个价值投资者都必须经历的一桩功课。巴菲特会用"20 个打孔位"的比喻警示自己三思而后行，正是他对"频繁交易"冲动的一种抵抗。而段永平也毫不例外，他会用各种各样的方式告诫自己，千万不要做"看似很聪明，但本质上很愚蠢"的买卖。

比方说，段永平曾经从股票交易税的角度，谈到过他有意避免频繁交易的原因。我们知道，段永平主要投资的是美股，他发现，在美国做股票投资时，投资者对每一笔交易产生的收益都必须交高昂的资本利得税，尤其对于短线投资，资本利得税率还会更高。算上交易成本，要是每次投资本就获益不多，那频繁买卖就是一个非常不合算的买卖。

"不想交税"的确是段永平不愿频繁交易的原因之一，不止如此，我们只要详尽地研究段永平的很多交易习惯，就会发现他会采用各式各样的方式，有意地避开想要频繁买卖的冲动。

我们知道,段永平在雪球发布的交易记录中,经常会透露他买卖股票期权的一些持有记录。在很多人眼中,段永平是一个坚持"满仓主义"的投资者,但为何偏偏会用期权来做投机呢?为何要使用期权,段永平通常给出的答案是"投资太无聊了,找点刺激的小游戏玩一下"。但是,我们会惊讶地发现,段永平与大部分善用期权的交易者有本质的不同,他并不享受"小赌怡情"之后肾上腺素飙升的快感,他真正的动机是用期权的方式,克制自己想要卖出股票的冲动。

例如,除了重仓苹果公司之外,段永平还会用很小一部分资金交易苹果的股票期权。通常情况下,段永平会选择卖出苹果公司的看涨期权。按照期货交易的规则,卖出看涨期权,意味着段永平和交易的另一方会对苹果的股价进行"对赌",其中的对手方看好后市苹果公司的股价,并从段永平手中买入由他卖出的看涨期权。这份双方的"价格对赌合约"由段永平设定行权价,要是股价后续真的涨到了这个价格,对手方则可行使权力,从段永平的手中拿走他手里的苹果股票。这时除了能赚到向对手卖出这份期权的"期权费"之外,段永平可能要承担股票被拿走的巨大风险。

我们知道,段永平对于苹果长期的股价走势一直是看好的,但为什么他要选择用卖出期权的方式与期权市场中的另一方进行对赌呢?根据段永平本人的说法,他在卖出看涨期权时,通常会设置一个高得很离谱的行权价,除非市场出现极端理性的上涨,这个价格出现的概率很小。根据期权交易的特点,如果行权价设置过高,发生这种情况的概率太低,那么看涨的一方不太会付很高的期权费买入段永平的看涨期权。既然不能赚很高的期权费,为何段永平还要故意设置很高的行权价,做这样看上去毫无意义的操作呢?

段永平设置"压根不会发生"的高行权价,并不是为了从卖出看涨期权当中赚多少钱,用他的话来讲,他卖出看涨期权,就是为了"断了卖股票的念想",要是有朝一日,苹果股价真的涨到疯狂的地步,即便手中的股票被对手方收走,他也能从其他的股票当中赚到不菲的收益。要是价格没有高到让对方收走的地步，那么段永平相当于能从中"空手套白狼"，不仅能帮他克服时刻想卖出股票的冲动，还能稳赚一笔小的收益。由此可见，段永平和我们一般熟知的期权交易者并不相同，他交易期权，不是靠看涨或看跌的"下赌注"为生，而是在对苹果长期价值有充分判断的基础上，时刻提醒自己不要随便涨一点就卖出苹果这家公司的股票。

其实，以"卖出看涨期权"的方式，持续提醒自己"慎卖"股票，这也只是段永平克制自己频繁交易本性的一个缩影。他总会用各种各样的方式延迟满足，让好公司的利润奔腾的时间再长一点。

段永平说过，自己其实和普通人没有什么不同，手里的股票涨太多，对他来说很难不去考虑是否要"及时出手"。

如果非要说段永平在卖股票上有什么独家的"策略"，那么这个策略正是他抵抗自己本性里频繁卖出股票的"策略"。

第十三章

投资的智慧

从某种程度上讲，段永平和贝索斯从一开始都是"普通人"，他们的成功都是属于普通人的成功。贝索斯依靠亚马逊"非常了不起"的商业模式成为了全球首富，段永平靠着临摹巴菲特的价值投资财富翻番。前者离不开巴菲特"慢慢变富"的提点，后者一再强调"欲速则不达"，二人都在使用同一套属于普通人的"慢剧本"。

47. 我也不愿慢慢变富，我只是不知道如何快速变富

2019 年 3 月，一名普通公司职员代表所有普通人，向段永平发出了一个"灵魂拷问"。这位普通员工说他是个平凡人，没有显赫的出身，更没有充足的本金，虽然对价值投资充满了仰慕，但不知道如何才能在股市里实现自己的财富梦想。

和这位普通职员一样，大部分出身普通的人都有一个"发财梦"。对普通人的梦想，段永平没有一棍子打死；而向来把"道"看得比"术"更重要的他，也没有直接提供任何即学即用的捷径。耐心的"阿段"，先给大家讲了一段贝索斯与巴菲特关于"如何变富"的经典对话。

据说在 2000 年的一个早上，亚马逊创始人杰夫·贝索斯给巴菲特打电话，问巴菲特："你的投资体系这么简单，为什么你是全世界第二富有的人，别人不做和你一样的事情？"巴菲特回答说："因为没人愿意慢慢地变富。"贝索斯突然明白，关注长期的人，比关注短期的人有巨大的竞争优势，因此更加坚定了关注长期、忽视短期的想法。

贝索斯是段永平极其欣赏的一位企业家，而他所创立的亚马逊，段永平对其评价是"商业模式非常的了不起。"大家听惯了贝索斯成为全球首富之后的故事，但很少有人知道他也是一位"普通人"。

20 世纪 60 年代出生的贝索斯，童年时就被自己的父亲遗弃，一路由自己的继父抚养长大。1994 年，刚完婚的贝索斯还未来得及享受

新婚生活，就拿着全家的大半积蓄，前往西雅图开始了自己的创业之路。和一般人相比，贝索斯更有理由想要快速成功，不过他却选择了一条"种田式"的艰辛之路。要知道，贝索斯和巴菲特通话的 2000 年，亚马逊的销售额只有 650 亿美元，和如今万亿级美金的市场规模相比，亚马逊只能算得上是西雅图的一家普通互联网公司而已。

和贝索斯一样，段永平家境十分一般，也是个凭自己能力考入名校的普通大学生。1985 年，段永平果断放弃了北京电子管厂的国企铁饭碗，在靠拼爹拼妈才能有所作为的环境里，段永平心里深知"自己不是谁的儿子"，凡事只能靠自己。然而出身的平庸并没有成为他急功近利的理由。从砸掉"铁饭碗"，到南下佛山，以及接手日华电子厂的"烂摊子"，段永平始终坚持一颗平常心。出于时代背景等特殊原因，段永平曾经走过些弯路，但他都能及时止错；即便创办"小霸王"困难重重，他也没有破罐子破摔，而是瞄准了学习机的市场空白，快速占据了市场地位。

普通人也可行不凡之事，但前提是骨子里必须要锚定长期，志存高远，找到一件"对的事情"。

1997 年，亚马逊在美国上市，不过它却成为一家并不想讨好华尔街的异类。当年，贝索斯在致股东的信上留下了惊世骇俗的话："It's all about long term"（一切都将围绕长期价值展开）。他明确告诉自己的股东，不会为了"财报好看"而向公司的发展妥协，在"理想主义"和"现实主义"之间非要做个选择题，亚马逊一定会做时间的朋友。在当时，贝索斯相信，如果从未来几十年的发展趋势看，线上零售终究会把线下零售的市场份额慢慢挤干，形成一条庞大且不可撼动的"亚马逊河"。如果用"后视镜"倒回来看，亚马逊的第一手棋下得无比明智，2021 年亚马逊的股价已经翻了近 200 倍。

贝索斯天生就有"慢信仰"，但在慢慢变富的过程中，必然会经历重重考验。比方说，在 2000 年，亚马逊就遇到了巨大的挑战。全球遭遇了互联网泡沫破裂，亚马逊的股价跌去了 80%。全球资本市场给亚马逊的诸多电商业务的布局关上了大门。这个时候，贝索斯还能否坚持《致股东的信》中所立下的"不讨好股东"的倔强誓言？

段永平的"慢发展"并不是不要发展，或者让企业步伐停滞，而是要秉持"更安全、更长久"的发展理念。他经常用"安全开车"打比方，说明"慢发展"的重要性。保持"可以驾驭"的速度，就是在快慢相间的合理节奏中，让企业行稳致远的唯一法门。段永平深知，要保证企业的发展控制在合理的区间，有时候刻意地"控速"是十分必要的。人们经常问段永平，为什么要坚持"四不"——不融资、不上市、不搞多元化、不过早国际化？这背后的原因便是要刻意阻止让企业随时成为脱缰之马。上世纪 90 年代末期，国内电子产品的供求严重不平衡，只要锁定一个市场稀缺的产品并且快速上流水线生产，企业便能快速获利。当时步步高看中了电子宠物市场，公司以低于同行成本的价格，推出了一款利润十分丰厚的电子小鸡。然而，当时这款产品实在太火，公司频繁出现了产品丢失的管理问题。有人提议，通过搜身的办法能杜绝这类问题的发生，但是段永平认为这是对员工极大的不信任，即便产品利润再高，段永平还是把这个项目叫停了。

赚钱固然重要，但永远不是第一位的。为了企业能永葆健康，有时候步伐慢一些也无妨。虽然"可以驾驭的速度"看上去并不像那些倡导狼性文化的企业，但这个速度是健康的。在段永平看来，在基本功范围内稳中求进，速度稍微慢一点是可以接受的。只要方向正确，迭代有力，可以驾驭的速度往往也能很快。比如，企业每年的利润增长 5%，同类型的企业采用激进的办法每年增长 10%，但如果在不失速灭亡的前提下，这个比率能保持 10 年，滚起来的"雪球"便足以超过可能在中途便灰飞烟灭的竞争对手。

段永平说过一句话："其实我也不愿意慢慢变富，我只是不知道怎样才能快速变富而已。"

与其走偏门让自己"撞车"，还不如静下心来享受"滚雪球"的时间价值。

48. 其实本无妙手，妙手就是本手

2022 年一道高考作文题，无意间激起了段永平的表达欲。在高考作文发布的第二天，段永平忍不住在雪球社区发布了自己的"高考语文作文"：妙手就是本手，其实本无妙手。这篇"作文"虽然只有短短十二个字，但却一字千金。其中提到的"专注本手"，几乎可以囊括段永平半生成事的"大智慧"。

"妙手"和"本手"是两个描述围棋棋手下棋风格的术语。其中，"本手"指的是合乎棋理的正规下法，而"妙手"则是出人意料的精妙下法。"本手"表面上看中规中矩，出棋的一方没能占到什么便宜，但棋手考虑的却是"全局最优"。他们会"走一步，想十步"，在海量运算和审慎评估的基础上，找出一个"合乎本分，拿捏分寸"的最优下法。但这就要求棋手必须经过常年艰苦的训练，对每一种行棋的可能性和对手的反应都了然于胸。

对围棋新手来说，他们更崇尚"妙手"。由于缺乏推演和计算的基本功，他们往往不关注长远和全局，急功近利、求胜心切，他们总希望在几招棋之内就能快速围住对手，提子占地。爱下"妙手"的玩家，更多考虑的是"局部最优"，双方激烈对抗时很容易暂时得势，但长远来看，却有很大可能下成对全局产生重大隐患的"俗手"。

"棋品见人品"，段永平是一个忠实的"围棋粉"，而且是一个专注于下好本手的玩家。不知是常年下棋受到的启发，还是性格中天

生具备的稳重气质，段永平会把"善弈者，通盘无妙手"的智慧，用在自己事业和生活的方方面面。

然而，"专注本手"似乎和公众对段永平的印象有很大出入。在"小霸王"时代，大家看到了段永平敏锐的商业眼光，一句"望子成龙'小霸王'"让一台普通的游戏机进入普通家庭；在"步步高时代"，段永平比众多同行率先发现了央视黄金时段蕴藏的传播能量，不惜花重金多次竞标，让步步高的 VCD 产品快速植入用户心智。因此，一提起段永平的名号，大家总会和"营销专家"的标签联系起来。然而，段永平本人对这个略带"妙手"意味的刻板印象却并不认同：

"（外界）以为我们很看重营销。其实对于我们来说，营销一点儿都不重要，最重要的还是产品。没有哪家公司的失败，是因为营销失败。公司失败，本质都是因为产品的失败。当然我不是说不要营销，事实上我们营销做得很好。营销，就是用最简单的语言，把你想传播的信息传播出去（给你的用户）。

"我这里是要强调，营销不是本质，本质是产品。营销最重要的，就是不能瞎说。企业文化最重要。广告最多只能影响 20% 的人，剩下80% 是靠这 20% 影响的。营销不好，顶多就是卖得慢一点，但只要产品好，不论营销好坏，20 年后结果都一样。"

其实，段永平在很早的时候就意识到，本手和妙手千万不能本末倒置。首先，他认为本手才是唯一的妙手。就拿经营企业来说，营销相当于木桶的一块板，一块板是不能装满一桶水的。其中的每一块板，都必须要"俾十倍心机"做到极致。段永平对产品质量、销售、系统、企业文化的每个部分都同等重视，要求做到"别人做了的事，你要比别人做得更深"。从这个角度来看，步步高的营销做得好，并非把营销当作妙手，对他们来说，营销也要当作"本手"来做。

然而，追求"本手"对大部分人来说确实知易行难，极少有人有耐心专注做好基本功，而加上媒体宣传会刻意把"妙手"的好处放大，我们很容易把主要精力放在如何"出奇招"上。对此，段永平不止一次反复提示我们，不能把追求"妙手"当作做人做事的"本手"：

"我对一句话印象最深刻，'成功 =99% 的汗水 +1% 的灵感'。我看到媒体宣传比较多的，都是那 1% 的东西，其实 99% 的东西才是最重要的。"（段永平的网易博客）

"要老老实实做事，是我们做企业的准则。做企业其实非常简单，没有什么花拳绣腿，最厉害的招数是没有招的招，一拳打出去，非常朴实。我觉得也跟做学问、搞科研一样，勤奋和坚韧都是非常重要的。"

在段永平看来，为何做企业是一件非常简单的事？回到本原，用平常心去思考做什么事是最正确的，然后朴实坚韧地像棋手一般反复训练，即可达到不俗效果。相反，那些大搞花拳绣腿，反而把最重要的精力放在了最不重要的事情上。与段永平同一时期下过"妙手"到央视打广告的品牌并不少，比如 1995 年以 3100 万拿下央视第一届标王的孔府宴酒，1996—1997 年蝉联两届央视标王的秦池酒，以及 1998 年与段永平为同行的爱多 VCD。两家酒品牌后来因为质量问题，均消失在历史的长河中，生生地把"标王红利"的妙手下成了催化企业快速衰败的"俗手"。

段永平的"本手作风"，也延续到了他的投资生涯。资本市场多空双方激烈对抗，与围棋黑白二子对峙较量殊途同归。股市里的很多投资者，也是更重一时之得的"妙手玩家"，所以段永平很早就注意到：

人们很喜欢用一年的回报率来衡量，但大资金的年回报率是没机会特别高的，比如巴菲特的 BRK，而小资金却往往有机会获得高比例的回报，比如据说周围的朋友中经常会有人当年回报达到 40%、50% 甚至更高（就像一起去赌场的朋友中，第一天出来时，总有个别人是兴高采烈的一样），千万别以为这些人已经比巴菲特厉害了。

"一年的回报率"所反映的正是众人对"妙手"的渴望，而段永平历来不关心一时的"赫赫战功"。在他眼中，投资最核心的目的还是为了"保值"，这才是投资的"本手"。他多次强调："我从不给自己的投资设立回报预期，我对投资的长期回报基本希望是能略好于长期国债，比如8%。"事实上，现如今段永平投资的平均年化收益率早已远不止8%，他也曾投出过很多家10年100倍的公司。"低目标，高回报"的背后，正是段永平擅用"本手"的高明所在。

只定8%的目标，指的并不是只投资预期回报率有8%的金融资产，更多代表的是一种心态，即"不要为了高回报去乱冒风险"。这就像很多围棋新手，一心只求"速胜"，只为下出"妙手"，反倒会对结果抱有太多不合理的期待。段永平始终相信，"只要过程对了，结果自然就好"。他更加注重每一招棋是否下到最好，投资的每一家公司是不是像巴菲特所说的那样"不会亏钱"。

下好本手，其实就是"谋事在人，成事在天"。

49. 投资是件快乐的事情，投资人可以慢慢享受其过程

2011 年 3 月 10 日是段永平的 50 岁生日，这天，妻子刘昕瞒着段永平，悄悄为他筹备了一场盛大的"生日 Party"。

"五十而知天命"，这对任何一个中国人来说都意义重大。也许是段永平习惯了低调平和，不喜欢排场，又或许是出于对妻子的体贴，不希望妻子为此太过操劳，段永平此前特地嘱咐妻子，务必不要举办任何活动。不过，当段永平打完高尔夫回到家里时，屋子里却坐满了近百位从各地赶来的亲朋好友。

这场生日派对既在意料之外，却又在情理之中。事后回忆起来，除了对妻子的爱意与感激，段永平更是感受到了半生为人的快乐和满足。他后来说："到现在心里还是暖暖的，人生真美好！"

不难看出，段永平从不刻意追求表面的风光和身份的权威，但身边从不缺少爱他的妻子和成功的弟子；他从不主动追求财富，但投资的成功和财富的积累，却一直围绕在他的身边。有人会说，段永平已经靠投资赚了那么多钱，实现了财富自由，他自然有理由享受人生的富足。可是要知道，段永平从做投资的第一天起，就没有把赚钱当作投资的目的。对段永平来说，"投资是爱好，慈善才是工作"。可是，为何没有"主动求财"的段永平，却拿到了比大多数人要满意的投资成绩呢？

这要归功于段永平与普罗大众截然不同的财富观。

其实很少有人知道，段永平二十年前考虑涉足投资，并非因为想赚更多钱；相反，他觉得，钱多了是一个"大麻烦"。某次段永平回国接受了一个采访，他提到："作为个人的生活，你开始非常需要钱，而一旦超出这个范围以后，钱一定会成为麻烦。"在国内完成了财富的积累后，段永平明白，如何处理这些"超过生活需要的钱"，对他来说是一个"幸福的烦恼"。

他并不想让这些钱被通货膨胀所侵蚀，更不想把钱留给儿子，让他变成"纨绔子弟"。所以，段永平很早便立下了遗嘱，处理好了家庭财产继承的问题；同时，段永平更希望把这些钱花在更有意义的地方，自己能享受花钱的过程。比如，他后来成立了慈善基金会，通过帮助别人的方式，帮自己解决"钱花不出去"的问题。而之所以选择投资，更多是把投资当作一个业余的兴趣爱好，既能让他做生意时累积下来的认知持续发挥"余热"，还能帮他解决"钱没有地方用"的大麻烦，同时还能在这个过程中"享受投资的快乐"。

因此，我们可以在很多场合听到，段永平投资用的都是自己的"闲钱"，而他用闲钱投资，并不是为了赚更多的钱，而是享受投资赚钱的整个过程。从这个角度，我们不难理解，段永平整个投资体系的初心，不是为了赚更多的钱，也就更不会为了在短期内"赚快钱"而大费周章。我们从段永平对他投资方法的一些感悟上，可以看到他"以享受过程为初心"的一面。

例如，为了真正享受投资的过程，段永平在"关注什么公司""投资什么公司"的问题上，几乎都会跟随自己的兴趣爱好。他从不盲从潮流、为了赶风口而摄入大量无效信息。一直以来，段永平十分坚信一点："人只有在做自己喜欢的事情时，才能激发自己最大的潜力，享受其过程。""随心所欲"的投资风格，表现上看会错失某些优质的公司，但反过来却能帮助段永平去粗取精。

一方面，"兴趣点"往往也属于"能力圈"，比如段永平一直对打游戏很感兴趣，这个爱好恰好是当时段永平去"小霸王"的一大原因。始于对游戏的热爱，也让段永平在游戏行业如鱼得水。所以，他在 2002 年投资网易时，才能用近乎直觉般的判断投对丁磊。另一方面，段永平也发现，人的注意力会集中在感兴趣的事物上，所以他找公司时，更喜欢"守株待兔"，当感兴趣的好公司出现时，他们会自动进入段永平的视野，他也省去了过多的检索信息的无效劳动。

段永平是随性的，但他却比常人更加务实。他在念大学期间，就是一个务实派。他不会为了学分去上自己不感兴趣的课，因而他后来并没有拿到中国人民大学和中欧商学院的学位。他更关心知识能否"为我所用"，所以在投资中，他也坦言自己并没有巴菲特爱读书。随性的背后，是抓大放小，解决实际问题；是不为功利所累，从而忘记了集中精力办最重要的事。

"其实学习就是为了让我们在遇到某一类问题时，运用自己的思维方式去寻找一个最佳的解决方案，而不是去找什么标准答案。如果还问我为什么要学习的话，那就是为了把企业搞好，为了成为像比尔·盖茨那样的一流职业企业家。对我来说，做企业就是一种生活方式，而不是赚多少钱的问题。如果仅仅是为了多买几个'面包'，那就没有学习的动力了。"

忠于自己的兴趣，帮助段永平构筑了心态上的良性循环。除此之外，在具体的投资理念上，他比其他投资者更看重投资过程的愉悦体验。比如，段永平有个"安心睡觉"的原则，他认为"可以放心睡觉的，就是价值投资了"。在他眼中，巴菲特每天都会"跳着踢踏舞去上班，一点上下求索的痛苦感都没有"，这才是一个价值投资者该有的生活状态。所以，他也会时常用感受或体验是否舒适，去检验一家公司是否值得投资、一种投资方法是否正确。

"投自己懂的东西就容易知道价值，就知道什么叫便宜，就有机会赚钱；反之亦然。如果你觉得心虚，就是投机。投机当然也有赚钱的时候，但风险大，睡不好觉。"（2010-03-25，段永平的雪球账号）

"做空不是价值投资，因为你经常需要面对市场的疯狂，最糟糕的是，你不知道市场到底有多疯狂，所以做空会睡不好觉的。总而言之，价值投资就是那种能睡好觉的投资。"（2011-05-22，段永平的雪球账号）

"难得因为投资睡不好觉，拿着航空公司确实不踏实，总有想不透的东西。好吧！尊重老巴的想法，我也找机会撤了。"（2020-05-06，段永平的雪球账号）

因此，段永平的价值投资体系，并非是为赚"不本分"的钱而设计的，而是一套能让投资体验极度舒适的体系。比如，段永平常说，要用五到十年的眼光看一家企业，要用"非上市公司"的视角审视投资一家公司是否合适，这种"上帝视角"好就好在能一劳永逸，不是盯着市场，而是盯着生意，"不用每天跟着股市着急""不用瞎操心"。在"用什么钱投资"的问题上，段永平只用闲钱，坚决不用杠杆，不做空，更不会去搞投机，因为那种铤而走险、如芒在背的感觉，会让他丧失"平常心"，违背他享受投资的初心。

不仅如此，为了追求更为舒适的投资体验，他悟出了一套"无招胜有招"的投资模式。比方说，恪守能力圈，不扩大能力圈，对段永平来说就是最好的"无招"，看似在做减法，但收益的确定性更高了，那为什么要"跑到能力圈之外受累呢"？再比如，他只集中重仓为数不多的几家拥有全世界最好商业模式的公司，一旦这些公司达到合适的价格，即刻满仓持仓，不用盯盘，不用犹豫是否"抄底逃顶"。坚持封仓十年，静待花开即可。

大 事 记

2002 年	以大约 1 美元价格，买入 152 万股网易股票，10 年后卖出时获利超百倍。
2003 年	开始接触 Fresh Choice 公司，后陆续购入该公司 104 万股，成为该公司占股 27% 的最大股东。
2004 年	买入进入破产保护的美国租赁公司 UHAL，三年后卖出获益约 30 倍。
2005 年	以 1 港元的成本价，购入了深陷"黄宏生事件"的创维数码。
2005 年	买入万科股票。这是段永平首只公开购买的 A 股上市公司，在两年后卖出。
2006 年	以 62.01 万美元的价格拍下巴菲特午餐，成为与巴菲特共进午餐的第一个中国人。
2008 年	金融危机后，因赏识 GE 的企业文化，重仓抄底其股票。
2009 年	为了买淘宝和阿里巴巴集团，持仓雅虎。
2009 年	购买了与天然气指数挂钩的 UNG，亏损之后迅速卖出止损。
2010 年	购入巨人网络的股票。

2011 年　　年满 50 岁，从 3000 亿的市值开始重仓苹果，持有至今。

2013 年　　白酒行业爆发"塑化剂风波"，茅台重挫，而后购入茅台股票。

2015 年　　以天使投资人的身份，成为拼多多的股东。

2018 年　　游戏版号停发，腾讯股价重挫，开始小幅加仓腾讯。

2019 年　　阿里巴巴传出强迫商家"二选一"的传闻，决定卖出阿里的股票。

2019 年　　看好 Facebook 的企业文化，开始投资其股票。

2020 年　　疫情暴发后，航空股重挫，决定抄底买入少量达美航空。

2021 年　　"双减"政策出台后，新东方股价腰斩，买入新东方。

2022 年　　多次抄底腾讯，加仓茅台。

2023 年　　"抄作业"随巴菲特购入西方石油。

参考文献

1.白利倩.段永平：不做空,不借钱,不做不懂的东西[J].理财,2017(11):9.

2.赵明超.段永平抄底俞敏洪：资本市场的英雄相惜[N].上海证券报,2022-06-21(007).

3.闽商闽四海.名牌制造者段永平,他是隐形的"华人首富"?[J].福建轻纺,2016(09):26-27.

4.朱宗文.段永平投资新篇 恋上中国元素[N].第一财经日报,2010-05-18(A08).

5.李岷.段永平的美国路[J].中国企业家,2007(Z1):42-53+8.

6.孙春艳.段永平：聚财与散财的隐居哲学[J].经营者,2007(09):36-37.

7.牛文文.段永平的午餐不是巴菲特的午餐[J].中国企业家,2006(14):11.

8.何志毛.段永平炒股：主业无戏了?[J].经理人,2005(07):110-111.

9.段永平最厉害的招,是没招的招[J].干部人事月报,2002(10):31.

10.刘宏君,桑梓.段永平守住本分![J].中外管理,2002(05):22-23.

11.张艳蕊,李元友.段永平不谈危机时刻[N].中国企业报,2001-07-20(002).

12.邱江.当两位"巴菲特"同时被质疑[N].上海证券报,2022-08-10(003).

13.刘洲伟.打工皇帝出走记[J].城乡建设,1998(04):40-42.

14.刘曦."本份"营销步步高[J].华商,2001(09):21-22.

15.牛智敬.段永平:不要一心想着"行善",而是"分享"[N].第一财经日报,2010-09-30(T03).

16.王桂娟,陈润.《段永平传(精装新版)》.团结出版社.2020-11.

后 记

　　这些年，只要留心财经或股票相关的公众号，就不难发现，段永平的"投资经典语录"每隔一段时间便会出现在微信的推送当中，每当市场情绪遭遇冰点，段永平关于大胆持仓的各种言论，也会被各路媒体争相报道。不可否认，段永平的投资语录被大家广为流传，离不开他的投资成绩，更离不开他独树一帜的语言魅力。

　　作为一名自媒体工作者，以及一名投资者，在几年前，我也在一次偶然的阅读中，被段永平精湛的语言艺术所吸引。和很多人一样，即便不了解段永平成功地投资了什么公司，过去曾经取得了什么辉煌的商业成就，只要阅读过段永平的只言片语，总会在听到他的"只言片语"之后，有茅塞顿开之感。这也正是我希望全面了解段永平的生平履历，把他的语言背后的经历和故事还原给每一位平凡投资者的最真实的初衷。

　　我一直坚信，语言的力量是最为强大的，语言不仅是知识的传递，还是窥见一个人毕生阅历和价值取向的一把钥匙。而段永平是投资界中少有的能把人性和人生的智慧，凝萃在寥寥数语中启发世人的一位"布道者"。可惜的是，在段永平的"第一个二十年"，信息媒介并不发达，段永平商业思想的传播面并不广泛，人们除了知道段永平是"小霸王"到"步步高"等国民级产品的"幕后推手"之外，他做人成事的思想境界，很少被大众所研究、学习。

幸运的是，段永平转型投资且大放异彩的这二十多年，也是中国移动互联网蓬勃发展、社交媒体被大众所普遍使用的二十年。段永平从不主动"立言"，甚至有意回避融入主流媒介的话语，但他的所言所行，却如"自动驾驶"般，引得市场的投资者自发传播。我相信，段永平的"魅力"，并不只是他取得了什么成绩那么简单，在他的成绩背后，还有他无数妙语连珠、但又振聋发聩的文字，为每一位在"修罗场"中历练的投资者，指点出了一条"跳出三界"思考问题的解谜之路。

创作这本书，我感到十分幸运。一方面，虽然段永平早已不再接受媒体采访，但好在他仍在"雪球"等社交媒体表达、源源不断产出对市场的观点，回答粉丝投资路上的困惑。一些热心网友，还专门整理过段永平近些年的发言，分门别类，供投资爱好者在网上流传。因此，这也为我的创作提供了大量丰富的素材。另一方面，我也发现，段永平在社交媒体上"笔耕不辍"，但网友们在背后整理的速度却赶不上段永平金句送出的速度，而很多人对他的认知，仍停留在"只言片语"的阶段，甚至有诸多误解，因此，我更希望以他的金句为切入点，帮助更多对段永平感兴趣的投资者"知其全貌"，全面完整理解和掌握段永平的投资理念。

"始于金句，以言悟理，以见森林"，正是我创作本书的目的。我以"金句"为脉络，选取了49个能高度概括段永平投资理念的"妙语"为引子，以助各位投资者透过纷繁复杂的表象，照见投资的本质，更照见自我。

我在创作和出版本书的过程中，得到过许多朋友和老师的帮助，以及我的父母、妻子在此过程中给予的支持和理解。书籍创作中，润商文化的陈润、王应美、汪宝明、刘霜等老师，都为本书的内容架构、文字润色提供过大量的意见，我对他们表示深深地感激！